¡Por todos los dioses…!

¡Por todos los dioses...!

Ramón García Domínguez

Ilustraciones de María Fernanda Osorio y
Juan Carlos Nicholls

Norma

www.edicionesnorma.com

Bogotá, Buenos Aires, Ciudad de México,
Guatemala, Lima, San José, San Juan, Santiago de Chile

Impreso por Editora Géminis S.A.S.
Impreso en Colombia- *Printed in Colombia*

Edición: Cristina Puerta
Diagramación y armada: Nohora E. Betancourt V.

61074766
ISBN 978-958-04-0737-9

A mis «héroes» particulares:
Gerardo, Enrique, David y Rafa.

Contenido

Que me cuenten historias...   9
Homero y yo   11
Una dieta olímpica: nectar y ambrosía   17
Zeus y su gran y enrevesada familia   25
Hera, Venus, Paris y la manzana   33
El Talón de Aquiles y la guerra de Troya   39
Apolo, la serpiente pitón,
    el monte Parnaso   49
Liras contra flautas   59
Tres historias de amor   69
Los mil y un naufragios de Ulises   77
Héroes y aventureros   89

Que me cuenten historias...

...Es lo que a mí más me gusta y me ha gustado siempre. Pero que me las cuenten de viva voz: mi abuelo, mi padre, un amigo, el profe, cualquiera a quien le apetezca y sepa contarlas.

Por eso imaginé así este libro: cerré los ojos, agucé los oídos de la fantasía y escuché la voz del viejo poeta Homero narrando las más extraordinarias leyendas y aventuras que hayan podido ocurrir jamás. Seguro que sabes de sobra quién es Homero, pero aun y todo, él mismo tiene la gentileza de presentarse en el primer capítulo y hasta va a pedirte que tú también te presentes, pues le gusta saber siempre a quién cuenta sus historias.

Yo me he limitado a reuniros a los dos, a ti y a él, en las páginas de este libro, para que puedas escuchar directamente de sus labios las más fantásticas narraciones de la mitología clásica. Las epopeyas, andanzas, maravillas, venturas y desventuras de los dioses y de los héroes de la antigüedad.

Nadie como Homero para contártelas. Ya lo hizo hace cientos y cientos de años en sonoros versos inmortales, y ahora lo va a repetir con palabras y maneras de hablar de hoy. Aguza tú también los oídos de la fantasía, imagina que estás sentado junto al gran poeta al amor de la lumbre, si es invierno, o a la sombra de una frondosa higuera si hace calor, y escucha con suma atención, sin perder palabra ni gesto, las historias más bellas jamás contadas.

Pasa la página y observa atentamente: aquel viejo apacible sentado junto al camino, con un cayado y una lira junto a él, es el poeta Homero. Acércate con toda confianza...

Homero y yo

—¡Por todos los dioses del Olimpo!, ¿quién anda ahí? Noto una presencia humana muy cerca, ¿quién está a mi vera, quién? Me gusta saber si alguien me escucha o hablo sólo para el viento. Y ahora sé que alguien está oyendo mi voz, son ya muchos años aguzando el oído y hasta el olfato como para equivocarme.

Seas quien seas, ven, acércate, no tengas ningún temor. El viejo Homero no se come a nadie. Al viejo y ciego Homero sólo le gusta que lo escuchen, que alguien, sea hombre o mujer, oiga con gusto sus versos y sus historias. Incluso si es un muchacho como tú. ¿Que cómo sé que lo eres? Más de un mancebo me ha acompañado, como lazarillo, a lo largo de los caminos y los días. He tenido de todo, ¿sabes? Picaruelos que se aprovechaban de mi ceguera y nobles jovencitos que guiaban mis pasos salvaguardándome de obstáculos y peligros.

Tuve uno en Esmirna a quien le gustaban con locura mis versos y mis leyendas. Se llamaba Nicómaco. Cuando yo cantaba, él contenía el aliento y permanecía mudo y quieto como una estatua, tanto que yo interrumpía de pronto mi epopeya para cerciorarme de que Nicómaco seguía a mi lado. ¡Y vaya si seguía...! Junto a mí siguió hasta que el dios Apolo lo hizo también cantor y poeta, y se echó a recorrer como yo los caminos de la Tierra recitando las aventuras de los dioses y de los héroes.

—Aventuras que también a mí me gustaría escuchar ahora de tus labios, divino Homero.

—¿Divino yo? ¡No me hagas reír, muchacho, no me hagas reír! También el filósofo Platón me llamó "divino poeta" y hasta hubo quien dijo que yo era la personificación de Orfeo, a quien Apolo regaló su lira y a quien enseñaron a cantar las propias musas. No, por todos los dioses, ésas son exageraciones. ¡Yo nunca amansé a las fieras con mi canto, como Orfeo, ni conseguí, como él, que las rocas y los árboles danzasen al son de mi música y mis versos!

Claro que tampoco soy un don nadie, como se han atrevido a decir ciertos comentaristas de mis dos grandes obras *La Ilíada* y *La Odisea*. "De Homero no sabemos nada. Es sólo un nombre", tuvo la osadía de escribir un profesorete de tres al cuarto llamado Glotz. ¡Ah, no, señor mío, de eso nada! Homero existió y existe, pues los poetas nunca mueren del todo, por si usted no lo sabía.

¡Se han dicho de mí tantas cosas y tan controvertidas, muchacho...! ¿Quieres saber que hasta siete ciudades griegas se disputan el honor de ser mi lugar de origen? Se ha escrito que soy jonio, que nací en Esmirna, viví en la isla egea de Quío y morí en Ío.

—¿Y cuál es la verdad de todo ello?

—¿La verdad? Todas y ninguna, muchacho, deja que los historiadores y eruditos digan y desdigan acerca de mi persona, Homero, el ciego Homero, el cantor de Agamenón, de Aquiles, de la bellísima Helena de Troya, de Ulises el intrépido, de...

Pero, un momento, ¿y tú quién eres? Jovencito, hablo contigo: ¿no vas a presentarte? Anda, acércate y dime tu nombre, al viejo Homero le gusta saber con quién habla y a quién cuenta sus fábulas.

—Soy un..., ¿no vas a burlarte si te lo digo?

—Burlarme, ¿por qué?

—Es que a lo mejor no lo crees.

—¡Yo creo todas las historias y todas las fantasías, muchacho, por muy estrambóticas que parezcan! ¿Es que acaso tu identidad va a ser más rara que la de los compañeros de Ulises, convertidos en cerdos por la bruja Circe?

—¡Oh, no, no, claro que no! Yo sólo soy un chico de finales del siglo xx a quien le gustaría conocer un poco la mitología, las leyendas y mitos de los dioses y héroes de la antigüedad clásica.

—¿Un chico de finales del siglo xx, dices? ¡Por Zeus y todos los dioses del Olimpo, esto sí que es asombroso!

—¿Lo ves? Ya te había dicho que no ibas a creerme...

—¡Claro que te creo, muchacho, claro que te creo! Pero vuelvo a decirte que me resulta asombroso, y sobre todo halagador, que una persona, qué digo, que un jovencito como lo fue Nicómaco —¿recuerdas que te hablé de él?— se interese por los hexámetros del viejo y ciego Homero casi veintinueve siglos después de que yo los compusiera.

—¿Me interese por los qué...?

—Huy, perdóname, ya me puse en plan cursi y me parece que a ti eso no te va. Hexámetro es el tipo de verso en que compuse mis grandes epopeyas, ¿comprendes?

Pero olvidemos eso. ¿Dices que te interesa la mitología, las historias de los dioses y de los grandes héroes? ¡Cuánto me place que así sea y con qué gusto el viejo y ciego Homero va a tomar de nuevo su lira y va a ponerse a cantar otra vez, como en los mejores tiempos, las aventuras y desventuras de...! ¡Pero no, no será con la lira! Se me antoja que la retórica y el estilo ampuloso no es precisamente lo que se usa en tu siglo, ¿me equivoco? ¡Pues mira, muchacho, esto también me agrada sobremanera! He de confesarte que llegó a hartarme la seriedad y pomposidad con que siempre me vi obligado a narrar mis historias. ¡Pero contigo podré explayarme a gusto, lo sé! No les restaremos ni un ápice de importancia ni de hermosa solemnidad a ninguno de los mitos de los que nos ocupemos, no faltaría más. Sería traicionarlos y traicionarme a mí mismo.

Pero eso no quita que podamos tranquilamente desarrugar el ceño y echarle al tema unos granos de sal y pimienta, de humor y hasta de desenfado, a fin de que las historias y leyendas de la antigüedad clásica, como tú mismo la has llamado antes, resulten un poco más comprensibles y atractivas para una mentalidad y unos gustos como los tuyos.

Además, te diré una cosa: las historias de los dioses y de los héroes se prestan al relato más encumbrado y sublime y a la par al más ameno y divertido. ¿Sabes por qué? Porque su comportamiento es a la vez excelso y vulgar, divino y humano, virtuoso unas veces y cicatero o depravado otras. Yo pinté a Ulises, en *La Odisea*, como un héroe aventurero y sagaz. A Aquiles, en *La Ilíada*, como un dechado de virtudes caballerosas. Y lo fueron sin duda. Pero también el primero fue uno de los más grandes embrollones de todos los tiempos y el ligero y valeroso Aquiles se portó como un ruin y un villano con el cadáver de su enemigo Héctor.

Los olímpicos, amigo mío, son tanto más dignos de admiración y de sorpresa cuanto su comportamiento está más cerca del nuestro.

—¿Los olímpicos, dices?

—En efecto, los olímpicos, los habitantes del Olimpo...

—Es que en mi tiempo llamamos olímpico al deportista que participa en las olimpiadas...

—Hablando se entiende la gente, muchacho, y me agrada que seas así de curioso. Sabrás que las olimpiadas nacieron en la ciudad griega de Olimpia y atletas olímpicos eran, en efecto, los que en ellas participaban. Pero cuando yo empleo este término me estoy refiriendo a los moradores del monte Olimpo o Cielo, es decir, a las divinidades de la mitología.

Oye, se me está ocurriendo una idea. ¿Qué te parece si, para empezar con buen pie, nos atrevemos a escalar este excelso monte y sorprendemos a los dioses en su propio elemento? Conoceremos así su fabuloso palacio de oro fabricado por Hefesto, y te iré presentando a Zeus, a Atenea, a Apolo, a Afrodita, a Eros, a Urano...

¿Te tienta mi proposición? ¿Sí?

Una dieta olímpica: nectar y ambrosía

—Con todo, antes de iniciar nuestra aventura he de advertirte que no es cosa sencilla trepar hasta la cumbre del Olimpo. No, no lo es. Los dioses son muy celosos de su intimidad y hay que pillarlos de buen talante para que admitan a un humano en sus dominios sin irritarse. ¡Porque cuando se irritan...! Más adelante te contaré la historia de Ícaro, que se fabricó unas alas y quiso ascender, volando, hasta los altos cielos. ¡Pobre infeliz! Su final fue de lo más trágico. Los dioses y los héroes de la mitología nunca vieron con buenos ojos a los intrusos que se acercaban a ellos irreverentemente o con ánimo altivo.

Y a propósito: ¿con qué ánimo o intención te acercas tú, muchacho? ¿Qué buscas o piensas encontrar en el conocimiento de los grandes mitos de la antigüedad, si puede saberse?

—No lo sé muy bien, Homero. Puede que sea la curiosidad mi primer impulso, pero quizá tú puedas, mejor que nadie, hacerme ver otras razones o motivos por los que merece la pena que un hombre de mi tiempo conozca la mitología y su significado.

—El significado de los mitos... ¡menudo lío muchacho! ¡Claro que me gustaría que pudieses calar en el significado de las historias de los dioses y héroes, sin quedarte tan sólo en lo anecdótico, en el simple y más o menos divertido relato de sus hazañas, venturas y desventuras!

Porque todas ellas, amigo mío, todas, encierran una enseñanza, un símbolo, una alegoría, un oculto significado de cualquier misterioso fenómeno de la naturaleza, de un comportamiento humano, una respuesta a cuestiones profundas sobre el origen del hombre y de la vida, sobre el principio y el fin, sobre el destino y sobre la libertad humana.

No nacieron los mitos porque sí, ni yo canté las hazañas de los dioses tan sólo para divertir al auditorio que me escuchaba. Los mitos nacieron, tanto los griegos y romanos, como cualquier otra mitología antigua o moderna —pues también en tu tiempo hay mitos y héroes mitológicos, no vayas a pensar que no—, todos los mitos nacieron, digo, para dar respuesta a las más íntimas y misteriosas preguntas del corazón del hombre.

Además, difícilmente podrá entenderse la historia, la literatura, el arte y la cultura antigua si se desconoce la mitología. Incluso gran parte de la llamada cultura occidental a la que tú y yo pertenecemos, tanto la antigua como la moderna, está inspirada en mitos clásicos. En el arte es donde más claramente se demuestra: cuadros, bajorrelieves, esculturas de todas las épocas, copian no sólo las formas bellas de las obras maestras clásicas, sino que toman no pocas veces de la mitología los temas que representan.

Los grandes mitos han inspirado siempre a los más encumbrados escritores y artistas.

Yo te los contaré con el estilo más atractivo de que sea capaz y hasta con cierto y respetuoso humor, como antes te decía. Pero deberás ser tú quien ejercite luego la imaginación y desentrañe cada mito para dar con el meollo y encontrarle su sentido y hasta su posible lección o moraleja, como decían los contadores de fábulas.

Pero volvamos a las laderas del Olimpo, donde nos quedamos a punto de iniciar la escalada. En la cumbre del monte viven los dioses, en un palacio de metales preciosos cuyos aposentos han sido trazados por la mano experta del dios orífice llamado Hefesto o Vulcano.

Un palacio de asombro y maravilla. Ningún otro paraíso de cualquier mitología de antes o después puede compararse con el Olimpo. ¡Ninguno! El Olimpo es el reino de la belleza y de la armonía. Y sobre todo de la luz. El sol se enciende cada mañana en su cumbre con la mirada fúlgida de los dioses inmortales y la luna cándida baña cada noche sus laderas copiando la mirada de ensueño de las diosas.

Las unas y los otros, diosas y dioses, pasan los días en medio de festejos y embelesados con músicas celestiales, mientras la joven copera Hebe, hija del gran Zeus, les sirve ambrosía como manjar y exquisito néctar como bebida.

—Néctar y ambrosía, un menú como para chuparse los dedos.

—Sin duda alguna, muchacho. Un menú olímpico, el menú de la inmortalidad.

—Y una dieta muy estimulante para un atleta olímpico, digo yo. Seguro que quien llegase a ingerir tan sólo unos gramos de néctar y ambrosía —¡y siempre que no le practicasen el control antidoping!— lograría ganar todas las pruebas.

—No lo dudes. Pero ningún mortal consiguió nunca arrebatar su manjar a los dioses —ya te dije que eran muy celosos de sus cosas. Únicamente un semidiós, Tántalo, hijo del propio Zeus y de la ninfa Pluto, se atrevió una vez a hacerlo, y el castigo divino fue fulminante y terrible.

—¿Por qué no me lo cuentas? Ya me dejaste antes colgada la historia de Ícaro y mi curiosidad está a punto de estallar.

—La historia de Tántalo es la historia de la frustración, amigo mío, de los deseos nunca satisfechos.

—Pues por lo que veo, poco más o menos igual que la de Ícaro, ¿no?

—Sí y no. Te narraré brevemente las dos historias para que tú mismo saques tus conclusiones.

Tántalo era un privilegiado de los dioses, un mimado de los habitantes del Olimpo. Participaba en todas sus fiestas y hasta se sentaba a su misma mesa.

—Es decir, que comía ambrosía y bebía néctar.

—Exactamente, y estos manjares divinos fueron los que lo perdieron. Sus amigos de la Tierra le dijeron un día: "Oye, ¿por qué no nos traes néctar y ambrosía del Olimpo? ¡También a nosotros nos gustaría ser inmortales!"

Tántalo les hizo caso y robó los celestiales manjares para dárselos a los humanos. Los dioses, enfurecidos, se reunieron en consejo y el gran Zeus habló en nombre de todos: "¡Hay que castigar severamente a Tántalo; no podemos permitir que los hombres pretendan arrebatar los privilegios de los dioses! ¡Tal ambición y osadía es el mayor pecado que un mortal puede cometer! Por eso, el castigo de Tántalo será ejemplar, un verdadero escarmiento. ¡Sabrá lo que es desear algo y no poder alcanzarlo jamás!"

Y así fue. Sumergieron los dioses a Tántalo en las aguas frescas de una cristalina fuente. El agua le llegaba hasta los hombros, hasta el cuello, hasta la barbilla... Y cuando ya la sed le quemaba la garganta y parecía que el agua iba a llegarle a los labios, descendía bruscamente de nivel y Tántalo no lograba probar una sola gota. Otras veces, colgaban delante del reo ramas de exquisitos frutales. El hambre lo acuciaba y estiraba sus manos ansiosas para atrapar una manzana, una breva con su gotita de miel... Justo en ese momento, un golpe de aire elevaba las ramas y Tántalo apretaba sus puños vacíos con rabia.

Y, para colmo de males y suplicios, estas continuas frustraciones le sucedían a nuestro reo, mientras una roca descomunal pendía sobre su cabeza amenazando desplomarse en cualquier momento y aplastarlo.

—¡Seguro que no le quedarían más ganas de robar otra vez los manjares de los dioses!

—Y que lo digas, muchacho. Como tampoco a Ícaro le hubieran restado ánimos, de haber sobrevivido, para emprender de nuevo la hazaña que le costó la vida. Y, también, en su caso fue la ambición desmedida o la osadía de llegar más allá de lo permitido a los mortales, lo que lo perdió. Vuelvo a decirte que los dioses son muy celosos de sus privilegios, pero muy celosos.

Ícaro había sido encerrado en el laberinto de Creta juntamente con su padre Dédalo, arquitecto del propio laberinto. Nadie había logrado salir de allí y todos habían sido devorados por el terrible minotauro. Pero Dédalo era un ingenioso inventor. Tomó cera de un panal que había en una hendidura del muro y, con ella, fabricó para él y para Ícaro sendos pares de alas con las que lograron huir volando de aquella cárcel. Dédalo se posó en la cumbre de una montaña cercana, pero de pronto vio que su hijo seguía volando cielo arriba, agitando sus alas como un loco.

—¡Ícaro —le gritó—, desciende, no seas insensato!

—¡Quiero llegar hasta el Sol, padre, hasta el mismísimo Sol! —respondió el joven, sin dejar de volar desenfrenadamente.

Su padre volvió a gritarle que sus alas eran de cera, pero esta advertencia, para su desgracia, ya no logró oírla Ícaro. Fue la terrible realidad la que lo hizo ver su error y su atrevimiento: el propio Sol, poderoso y vengativo, derritió sus alas y el joven se precipitó hacia el abismo, hecho un muñeco de trapo, para ir a caer y ahogarse en el profundo mar, que desde entonces se llamó de Icaria en su honor.

—Una triste pero al mismo tiempo bellísima historia, al menos a mí me parece.

—Lo es, muchacho, lo es. Casi toda la mitología es trágica pero bellísima a la par. Las historias de los dioses y semidioses...

—Un momento, Homero, y perdona que te interrumpa. Acabas de decir dioses y semidioses, e incluso antes has citado la palabra héroe. Cuando me contaste la aventura de Tántalo, lo definiste precisamente como un semidiós, ¿no es eso? ¿Es que allá arriba, en el Olimpo, además de dioses... de primera categoría, por decirlo de alguna forma, viven también otros dioses de menos jerarquía, o sólo dioses a medias?

Zeus y su gran y enrevesada familia

—Eres avispado y curioso, muchacho, ya lo vengo notando.

Te gusta la claridad de ideas. Por eso, vamos a comenzar por el principio, precisamente para que no ocurra en tu cabeza lo que ocurrió al comienzo del mundo, en que únicamente reinaba el caos, es decir, la confusión y el desorden.

Del caos surgieron el Cielo y la Tierra, los hombres y todas las cosas del universo, y los dioses del Olimpo se encargaron de velar por ellas.

Y el padre y señor de todos los dioses, el cabeza de familia del Olimpo, por así decirlo, era el gran Zeus o Júpiter Tonante.

—Alto ahí, maestro, ¿o el uno o el otro?

—¿Qué quieres decir?

—Quiero decir que si el padre de los dioses era Zeus o Júpiter.

—Ay, perdóname, muchacho, tienes razón, tenía que haber comenzado por aclararte también esto: Zeus y Júpiter son un solo dios. Sí, una única divinidad pero nombrada de dos formas diferentes. Zeus es el nombre que le dábamos nosotros, los griegos, y Júpiter es el que le otorgaron después los romanos.

—Claro, entonces de ahí viene la expresión "¡Por Júpiter!", similar a la que tú empleas invocando a Zeus.

—Justo. Pero vamos a dejar una cosa bien sentada desde el comienzo: los nombres auténticos de los dioses son los nuestros, los de la mitología griega. La mitología romana es una copia servil de la nuestra, y en lo único que se molestaron los césares, sacerdotes y senadores romanos fue en cambiar los nombres a los dioses para que el plagio no resultara tan palpable. ¡En eso estriba toda su originalidad, ya ves tú!

Pero ocurrió luego una cosa: como ellos fueron unos guerreros empedernidos y conquistaron medio mundo, impusieron su religión y sus dioses —que, en realidad, eran los nuestros— a los vencidos, y de ahí que los nombres de las divinidades romanas resulten más conocidos y familiares en la historia que los nombres auténticos de las divinidades helénicas.

¿Te acuerdas que al hablarte del palacio del Olimpo te conté que había sido labrado por Hefesto o Vulcano? Hefesto es el nombre griego. Vulcano, el que los romanos le dieron al mismo dios. Y lo cierto es que Vulcano se ha quedado para la posteridad; hasta el propio pintor Velázquez, cuando lo representa trabajando el metal en su forja, titula el lienzo "La fragua de Vulcano".

¡Gajes de la historia! Se apropian de nuestros dioses, les cambian de nombre para que no se note el hurto, y luego son estos nombres los que perduran. Pero, tampoco vamos a hacer de esta nimiedad una cuestión de vida o muerte, ¿no te parece? Zeus o Júpiter, Júpiter o Zeus, el padre de los dioses siempre será el padre de los dioses, y toda la familia olímpica lo reconocerá como tal sin disputarle jamás la primacía.

Zeus está en el más alto trono del Olimpo, y a sus pies están los tronos de los demás dioses. ¡Que son legión en la mitología clásica, muchacho, legión! "No hay hombre en el mundo", decía Hesíodo, otro poeta épico como yo, "que sea capaz de recordarlos todos".

Había dioses para personificar todas las virtudes y todos los vicios, cada fenómeno de la Tierra y del Cielo, cada arte y cada profesión. Las grandes ciudades y las pequeñas aldeas tenían, también, su dios o diosa protectores.

Pero toda esta pléyade de divinidades estaban debidamente jerarquizadas en grupos o categorías:

Primero, los grandes dioses o dioses superiores, en número de veintidós, de los cuales doce formaban la corte olímpica o celeste y tenían voz y voto en las deliberaciones.

Los seguían los dioses inferiores, que eran los protectores específicos de los campos, de las familias, de las ciudades, así como las divinidades domésticas y las alegóricas, entre otras muchas.

Finalmente, y ya sin derecho a morar en el Olimpo a no ser que el Consejo de los doce grandes lo permitiese, estaban los semidioses o héroes, como lo fue el desdichado Tántalo. Se denominaba así a aquellos hombres nacidos de la unión de un dios con una mujer mortal o bien de un mortal con una diosa. A lo largo de esta historia irán saliendo nuevas aventuras de famosos héroes mitológicos. ¡Que son tantos o más que la pléyade de los dioses, figúrate!

—Pero siempre Zeus o Júpiter rigiendo toda esta larga y complicada familia, ¿no es eso?

—Exactamente. Y, sin embargo, fíjate qué detalle más curioso. No es él el primero de los dioses, cronológicamente hablando.

—Ah, ¿no?

—No. Te contaré brevemente su origen y cómo consiguió implantar su señorío único e incuestionable en la cima del Olimpo.

Creo haberte dicho que al principio de los tiempos sólo existía el caos. De él surgieron Urano, dios del Cielo, y Gea, diosa de la Tierra, divinidades ambas las más primitivas de toda la mitología.

Gea y Urano forman, pues, la primera pareja divina y engendran a los titanes, extraños e indomables monstruos de cincuenta cabezas y cien manos cada uno. Urano, al verlos tan horribles, monta en cólera y los encierra a todos en las entrañas del Tártaro. O sea, en el infierno. Pero Gea es una madre y las madres idolatran y protegen a sus hijos, sean feos o bellos. Así que se pone de parte de ellos e incluso incita al primogénito, Cronos —denominado luego Saturno por los romanos—, a que destrone a su padre y se deshaga de él como único medio de que todos sus hermanos puedan quedar libres.

Cronos ocupa el trono divino de su padre y se casa con Rea. Pero hete aquí que pronto empieza a sufrir negras pesadillas y presagios, vaticinándole que quizá sus hijos puedan hacer con él lo mismo que él hizo con su padre, Urano. Ni corto ni perezoso —está visto que en esta familia el amor paternofilial no era la virtud más cultivada— decide deshacerse, uno a uno, de cuantos vástagos vaya dándole su esposa Rea.

Y de nuevo es la madre la que pone orden en esta trágica historia. Profundamente desolada por la suerte de sus hijos, decide un día no entregarle ni un recién nacido más a Cronos-Saturno. Nace Zeus y Rea lo esconde en la isla de Creta, donde es amamantado por una cabra y alimentado con la miel de las doradas abejas de la joven y hermosa Ida.

Pasa el tiempo. Zeus (Júpiter para los romanos, no lo olvides) es ya un mancebo apuesto y aguerrido que se siente predispuesto a ocupar el trono de su padre Cronos o Saturno, tanto más cuanto que éste sigue atentando contra la vida de sus propios hijos, es decir, los hermanos de Zeus. Comienza por resucitar a todos aquellos que su padre había ido matando al nacer, y con ellos declara la guerra a Cronos y a todos los hermanos de éste, a los terribles y monstruosos titanes. Ayudan, también, a Zeus los cíclopes, que otorgan al joven dios el trueno y el rayo, símbolos ya para siempre de su autoridad y de su omnipotencia.

La batalla es formidable, mucho más que las que yo luego contaría en mi *Ilíada* entre griegos y troyanos. ¡Versos labrados en oro serían precisos para narrar aquella divina epopeya!

Finalmente vence Zeus, arroja a Cronos-Saturno y a los titanes a las profundidades del Tártaro, y se proclama rey y señor del Olimpo para siempre, repartiéndose el dominio del mundo con sus hermanos Poseidón y Hades (Neptuno y Plutón para los romanos). Al primero le otorga el mar y al segundo el tenebroso mundo subterráneo o también llamado infierno.

—Una extraordinaria historia. Pero muy violenta, maestro, no me digas tú que eso de que los dioses anden liquidándose los unos a los otros o monten guerras entre ellos como si fueran...

—...como si fueran simples mortales quieres decir, ¿no es eso?

Es que como tales se comportan no pocas veces, muchacho, creo habértelo dicho ya antes. Y la razón es muy sencilla: a pesar de ser dioses, a pesar de dirigir e intervenir en la fortuna o infortunio de los hombres, nada pueden hacer contra su propio e irrevocable destino. El mismo Zeus Olímpico, padre y señor de todas las divinidades, se halla sometido a los hados caprichosos que pueden zarandearlo a su antojo. Hados que fueron, sin duda, quienes empujaron a Cronos, como acabamos de ver, a rebelarse contra su padre, Urano, a matar luego a sus propios hijos y a ser, finalmente, derrotado por uno de ellos: Zeus.

Tan sólo el amor materno, como habrás podido comprobar, puede más y vence a los hados y al destino. Tanto Gea como Rea, abuela y madre de Zeus, imponen su voluntad en esta trágica historia. El amor, en la mitología griega y romana, y yo diría que en todas las mitologías y religiones del mundo, siempre es más poderoso que el ciego destino, que el mal y que la misma muerte. Lo podrás comprobar en otras historias de dioses y de héroes, amigo mío.

Ahora, habíamos dejado al gran Zeus o Júpiter recién instalado en su trono del Olimpo, ¿no es así? Todos los dioses y todos los hom-

bres, todos los estados y ciudades lo recono-
cieron de inmediato como el ser supremo. Él
es quien mantiene el orden y la justicia en el
mundo. A la puerta de su palacio del Olimpo,
según cuento yo en mi *Ilíada*, tiene dos jarro-
nes de oro bruñido: uno contiene el bien y el
otro el mal. Zeus distribuye a cada hombre
el contenido de ambos recipientes por partes
más o menos iguales. Aunque algunas veces
hace uso únicamente de una de las ánforas, y
entonces, ¡ay!, el destino de ese mortal es del
todo venturoso o completamente trágico.

Hera, Venus, Paris y la manzana

—Tan trágico como el destino de Ícaro, ¿no? Seguro que para él Zeus sólo hizo uso del jarrón de los males.

—Puede que sí. Como, sin duda, ocurrió también con el pobre Paris, uno de los héroes de la guerra de Troya. Pero en su caso fue más bien la diosa Hera quien marcó su trágico destino.

—¿La diosa Hera?

—Eso he dicho, la diosa Hera, llamada luego Juno por los romanos. Hera fue una de las esposas de Zeus, la más importante de todas ellas, la que el propio dios coronó, junto a él, como reina y señora del Olimpo. Zeus y Hera —Júpiter y Juno en versión romana— son las dos grandes divinidades de la mitología.

Las bodas de ambos fueron esplendorosas, propias de dioses, como podrás suponer. Tuvieron lugar en el paradisíaco Jardín de las Hespérides, donde fructifican las manzanas de oro y donde las fuentes manan ambrosía de inmortalidad. Las siete hespérides o ninfas del ocaso prepararon el escenario para una boda de ensueño. Ellas mismas danzaron día y noche en torno a las mágicas fuentes, y al final de la danza, una a una, fueron entregando sendas manzanas de oro a la recién desposada Hera.

—Una boda de película, vaya. ¿Pero qué tiene que ver Paris en todo esto?

—No, Paris aparece en escena mucho más tarde, cuando ya Hera reinaba con Zeus en el palacio del Olimpo. Resulta que un día, el padre de los dioses organizó un soberbio banquete con motivo de las bodas entre Tetis y Peleo e invitó a casi todos sus compañeros olímpicos, pero excluyó a Éride, diosa de la discordia y madre de Lete (el olvido), Limos (el hambre), Algos (el dolor) y Ponos (la pena).

La siniestra diosa, como venganza, se presentó inesperadamente a los postres y lanzó sobre la mesa una lustrosa manzana con un rotulito que decía: "Otórguese a la más hermosa de las diosas aquí presentes".

¿Y sabes quiénes eran las tres diosas presentes? Pues ni más ni menos que Hera, reina del Olimpo y esposa de Zeus; Atenea (llamada después Minerva por ya sabes quiénes), diosa del poder y de la sabiduría, y Venus (denominada Afrodita por los griegos), diosa de la belleza y del amor.

—¿Cómo, cómo, cómo...? Querrás decir Venus, denominada Afrodita por los romanos.

—No, no, he dicho bien, muchacho. Afrodita fue el nombre griego, el auténtico nombre de la diosa. Pero es que en este caso el apelativo romano se ha impuesto de tal modo, se ha hecho, además, tan famoso, que hasta yo mismo voy a emplear el nombre de Venus en esta historia.

Te decía, pues, que eran tres las diosas en litigio. ¡Y vaya diosas! Tan altivas las tres, que ninguna aceptó, por principio, que cualquiera de las otras dos pudiese ser la más hermosa. Cada una arrogaba para sí el privilegio de llevarse la manzana de la discordia.

Los propios dioses comenzaron a dividirse en bandos y a ponerse del lado de una u otra de las candidatas. ¡La más hermosa es Hera! ¡Ni hablar, Atenea es mucho más bella! ¿Pero es que no tenéis ojos en la cara? ¡Nadie en el Olimpo gana en hermosura a la divina Venus!

—¡Oye, por lo que me cuentas, aquello fue como un concurso de belleza de los que se celebran ahora! ¡La elección de Miss Olimpo!

—Algo parecido. Y fue tal el desconcierto a la hora de la elección, que Zeus se vio obligado a poner orden y a nombrar un juez que dirimiese el asunto. Un juez o árbitro que no tuviese nada que ver con el Olimpo ni con la familia divina, ya que así no habría intereses o preferencias de ningún orden que determinasen la elección.

Y Zeus pensó en Paris, un joven, valeroso y apuesto príncipe troyano. ¡Menudo susto se llevó cuando Hermes, el heraldo del Olimpo, le comunicó la decisión del padre de los dioses!

Pero cuando de veras empezó a temblar de los pies a la cabeza fue cuando se presentó ante él la primera candidata. Hera apareció en su máximo esplendor y le prometió a Paris que lo haría reinar sobre toda Asia.

Llegó luego Atenea, diosa de la sabiduría y de la fuerza, y prometió a Paris dotarlo de ambos carismas, además de no ser derrotado jamás por sus enemigos, si era a ella a quien le otorgaba la manzana.

¡Paris estaba hecho un mar de dudas! Hasta ahora la elección no podía ser más complicada: las dos aspirantes eran hermosas y las dos le ofrecían regalos a cual más tentador.

Pero faltaba Venus (Afrodita). Reflexionaba Paris mirando al mar, cuando de pronto, surgiendo de una ola brillante de espumas, apareció la diosa del amor y de la belleza.

El joven se quedó absorto, embelesado. Diosa de la belleza la llamaban y a fe que respondía con creces a tal nombre. Jamás Paris había visto tanta hermosura ni tanta armonía en un cuerpo de mujer. Venus se acercó al príncipe y le solicitó para ella la manzana.

—¿Y qué me darás a cambio? —contestó Paris—. Las otras diosas me han prometido...

—Sé que amas la belleza por encima de todo, oh gentil príncipe de Troya —lo atajó Venus—. Por ello yo no te prometo ni poder ni riquezas; si me eliges a mí, te otorgaré el amor de la mujer más bella entre las mortales: Helena de Esparta.

Paris no dudó ya ni un momento. Se presentó ante el padre de los dioses, se inclinó profundamente ante él y se expresó así:

—Ya tengo la decisión tomada, oh gran Zeus.

—Que comparezcan, entonces, ante mi presencia las tres diosas candidatas.

Así lo hicieron y nuevamente Paris, al verlas reunidas, sintió un sudor frío que le corría por la espalda. Pero la decisión era bien firme. Tomó la manzana, irguió el pecho y caminó con paso decidido. Todos los dioses olímpicos contuvieron el aliento. El joven príncipe se acercó al trío de diosas, se detuvo un instante frente a ellas y con un gesto enérgico pero al mismo tiempo lleno de galantería, entregó el fruto a Venus. ¡Ella era la elegida, ella era la más bella de las divinidades del Olimpo!

—Vuelvo a opinar —con todos mis respetos a la mitología— que parece un concurso de belleza de ésos que abundan en las llamadas "revistas del corazón".

—Lo que ocurre es que en este caso el final no fue color de rosa.

—Ah, ¿no?

—Trágico como pocos en la historia del mundo. La decisión del joven Paris, aparentemente inocente, trajo como consecuencia una de las guerras más encarnizadas de la antigüedad.

—¿Una guerra por una manzana?

—Justamente, muchacho. Al entregársela a la diosa Venus, Paris estaba desencadenando la famosa guerra de Troya, la cantada por mí en los versos de *La Ilíada*, la guerra entre griegos y troyanos a causa de la belleza de Helena de Esparta.

El Talón de Aquiles y la guerra de Troya

—Por una manzana y por una mujer... Me parece que no es la primera vez que acontecen grandes males en la historia del mundo por causas semejantes.

—Veo que no se te escapa nada, muchacho. Ya te dije al comienzo que tú mismo debes sacar tus propias conclusiones de cuanto vayas oyendo.

—Pero dime una cosa, Homero: ¿es que también la manzana de la diosa Discordia era maldita, como la del paraíso terrenal?

—No. Fue la elección de Paris al entregar la fruta a Venus la que desencadenó el conflicto, la guerra. Verás cómo ocurrió. La diosa había prometido al príncipe troyano entregarle a Helena de Esparta como premio, ¿recuerdas?

Pero Helena estaba casada con el rey Menelao y Venus tuvo que urdir una estratagema para raptar a la bella reina. Aprovechando una ausencia del esposo, Venus prestó a Paris la figura y el porte de Menelao y lo plantó en palacio como si fuese el propio rey, que regresaba de viaje para llevarla consigo. Y se la llevó, en efecto, pero a Troya.

Pronto los griegos enviaron embajadores reclamando a la raptada, pero todos fracasaron en su empeño. Los reyes troyanos Príamo y Hécuba, padres de Paris, que habían quedado también prendados de la belleza de Helena, se negaron a devolver a la que ya consideraban como auténtica esposa de su hijo.

Fue entonces cuando estalló la guerra. Agotados todos los recursos diplomáticos, Menelao acude a pedir ayuda a su hermano Agamenón, rey de reyes entre los griegos, y éste convoca a los príncipes y ejércitos de los distintos reinos, que se concentran en Áulida dispuestos a atacar a Troya.

También los troyanos se aprestan al combate, capitaneados por Héctor, primogénito del rey Príamo y hermano mayor de Paris.

Los dos bandos, pues, están ya formados y en pie de guerra. Qué digo los dos, ¡los tres!

—¿Cómo que los tres?

—Eso he dicho, los tres: el bando de los griegos, el de los troyanos y el de los dioses, que se dividen a favor de los unos o de los otros. La diosa Venus o Afrodita encabeza a los que van a favor de su protegido Paris y de los troyanos; y Hera y Atenea se ponen del lado de los enemigos de quien las había menospreciado en el concurso de la manzana, es decir, a favor de Agamenón y los griegos.

—Y ya todo dispuesto, empieza la guerra que tú cuentas en *La Ilíada*, ¿no es eso?

—Así es. Aunque he de aclararte una cosa: yo en mi *Ilíada* no narro toda la guerra de Troya, sino solamente un episodio ocurrido en el décimo y último año.

—¿Diez años duraron los combates?

—Ni uno más ni uno menos; los ejércitos de Agamenón cercaron y sitiaron la ciudad de Troya, exigiendo la devolución de Helena, y el asedio duró diez años. Pero, como te decía, yo en mi poema épico sólo cuento un episodio acaecido poco antes del asalto final de la ciudad. Una reyerta entre Agamenón, jefe máximo, como sabes, de las tropas griegas, y Aquiles, uno de sus principales caudillos.

—¿Una pelea entre los propios griegos?

—Bueno, más bien una disputa. Algunos comentaristas de mi epopeya han dicho que el tema fundamental de *La Ilíada* es la cólera de Aquiles, y en cierto modo tienen razón. En el poema se cuentan multitud de acontecimientos, pero todos en torno a la cólera de Aquiles, el héroe de los alados pies.

—¿Pero por qué se enfadó Aquiles, si puede saberse?

—Porque Agamenón, en un capricho de mandamás, le había quitado a su esclava Criseida. Entonces el héroe monta en cólera y se niega a seguir peleando. Una terrible decisión para las tropas griegas. Tan terrible, que la victoria empieza a ponerse del lado de los troyanos y algunos capitanes del ejército invasor piensan ya en reembarcar sus tropas y levantar el cerco.

—¿Tanto era el valor de Aquiles?

—Aquiles, muchacho, es uno de los más grandes héroes de la mitología. Hijo del rey Peleo y de la diosa Tetis, ésta usó todos sus poderes divinos para hacer que su hijo perdiese su parte humana y se convirtiese en inmortal como ella. Para conseguirlo lo untaba con ambrosía durante el día y lo purificaba con fuego por la noche. Pero el padre, considerando que con tal proceder podía abrasar a Aquiles, lo arrebató de las manos de Tetis cuando aún no estaba consumado el experimento, y el niño quedó con los huesos del pie derecho quemados e inutilizados. Fue entonces cuando el centauro Quirón, experto en medicina y a quien se había encomendado la educación guerrera de Aquiles, lo curó injertándole los huesos del pie del gigante Damiso, veloz, en vida, como el propio viento huracanado. Nuestro héroe heredó esta misma ligereza de movimientos y de ahí que yo en *La Ilíada* lo nombre siempre como "el de los pies ligeros" o "el de los alados pies".

—Pues volvamos a *La Ilíada*, si te parece. Me contabas que sin Aquiles las tropas griegas habían comenzado a perder terreno...

—Así es. Ten en cuenta que Aquiles, además de veloz como el rayo, era un intrépido capitán y un aguerrido luchador. Su fuerza era proverbial. Y se atribuía también a la educación y adiestramiento del centauro Quirón, quien lo había acostumbrado a comer solamente carne de animales salvajes.

Por eso su ausencia del campo de batalla era decisiva. Y por eso también el resto de los capitanes griegos le suplican que vuelva a la lucha si no quiere que la guerra se pierda. Patroclo, su más íntimo amigo, le pide que, al menos, lo deje usar a él sus armas para pelear contra los troyanos. Accede el héroe y Patroclo se presenta en el campo de batalla disfrazado de Aquiles de pies a cabeza. La noticia corre entre los troyanos y con la noticia el pánico: "¡Aquiles ha vuelto, Aquiles, el de los pies ligeros, empuña de nuevo su pica veloz y su espada poderosa!"

Los ejércitos griegos avanzan de nuevo invencibles. Pero hete aquí que otra vez intervienen los dioses: Apolo —el más grande después de Zeus— está de parte de Troya y revela a Héctor la identidad del camuflado Patroclo, ayudándole, incluso, a derrotarlo y darle muerte.

Cuando Aquiles recibe la noticia de que su amigo ha muerto a manos del caudillo troyano, su corazón se llena de amargura y lanza un grito de dolor tan terrible que los ejércitos enemigos comienzan a temblar. "En los hombres se turbó el ánimo", cantan mis versos en *La Ilíada*, "y hasta los potros de crines espléndidas se encabritaron sobresaltados. Tres veces gritó el divino Aquiles y doce de los más bravos guerreros de Troya murieron bajo los carros y heridos por sus propias lanzas".

Ahora sí que Aquiles vuelve al campo de batalla. Se lo ha pedido su jefe Agamenón, devolviéndole antes a su esclava Criseida, pero a él lo empuja, sobre todo, el deseo de vengar a su amigo Patroclo.

El dios Hefesto le forja nuevas y más poderosas armas y la diosa Atenea —que está a favor de los griegos, recuérdalo— pone en su frente un fulgor que deslumbra y atemoriza a los enemigos. Aquiles se lanza con un ímpetu arrollador al combate.

Y entre las apretadas filas de los troyanos, busca ansiosamente a Héctor, culpable de la muerte de su amigo.

Se encuentran frente a frente. Los dos ejércitos detienen la guerra para contemplar la singular pelea. Hasta los dioses del Olimpo contienen el aliento. Jamás dos contrincantes libraron duelo tan encarnizado como el del troyano Héctor, de brillante casco, y el griego Aquiles, de alados pies.

Uno y otro pelean con furia irrefrenable. A la espada poderosa de Héctor responde la lanza veloz de Aquiles. Y es ésta, al final, la que va a clavarse mortalmente en la garganta del joven capitán troyano, que cae en tierra entre el alarido de victoria y los ayes lastimeros de uno y otro ejército.

Pero Aquiles no está aún satisfecho. Ata el cadáver de Héctor a un tiro de caballos y lo hace arrastrar en torno a las murallas de la ciudad de Troya durante doce largos días. Un escarnio impropio de un héroe mitológico, creo habértelo comentado casi al comienzo de nuestra charla. La sed de venganza por la muerte de su amigo Patroclo ciega a Aquiles y lo empuja a cebarse en el enemigo vencido.

Sólo las súplicas de un padre logran ablandar su corazón. Príamo, padre de Héctor y de Paris, implora con lágrimas a Aquiles que le devuelva el cadáver de su hijo y el héroe griego cede al fin.

Y con lo solemnes funerales de uno y otro ejército en honor de sus dos grandes guerreros muertos, Héctor y Patroclo, cierro yo el canto de mi *Ilíada*.

—¿Y no cuentas el final de Aquiles?

—No, no lo cuento. Pero lo narraron otros poetas posteriores a mí y yo voy ahora a contártelo para que conozcas en su totalidad la vida y andanzas del más afamado de los héroes de la mitología, como antes te dije.

Aquiles murió del mismo modo como él había matado a Héctor: de un flechazo. Pero no en la garganta, sino en un talón.

—¿En un talón? ¿Bromeas, maestro?

—No, no bromeo, muchacho. Murió de un flechazo en el talón derecho en un nuevo combate ante las murallas de Troya y antes de que ésta fuera asaltada definitivamente. Pero volvamos a retomar la historia casi desde el principio para que la entiendas mejor.

¿Recuerdas a Tetis, la diosa madre de nuestro héroe? ¿Y recuerdas sus experimentos para hacerlo inmortal? Pues aún sometió a su hijo a otro que no te he contado. Las aguas del río Estigia transmitían el don de la invulnerabilidad a quienes en ellas se bañaban, y allí sumergió la diosa al pequeño Aquiles. Pero para ello agarró y sostuvo al niño por el talón derecho, de modo que fue esta minúscula parte de su cuerpo la única que no tocaron las aguas y por ende la única vulnerable. Y mira por dónde había de ir a clavarse la flecha que le quitó la vida junto a las murallas de Troya.

Bien es verdad que los hados ya habían vaticinado la temprana muerte de nuestro héroe. Y fue por eso por lo que su madre Tetis, cuando Agamenón comenzó a organizar la expedición griega para atacar a Troya, escondió a su hijo en la corte de Licomedes, rey de Esciros, disfrazándolo de muchacha para que conviviera con las hijas del monarca.

La guerra comienza y los ejércitos griegos van de derrota en derrota. Un oráculo les revela que mientras Aquiles no participe seguirán perdiendo, y es entonces cuando Ulises —el protagonista de *La Odisea*, mi otro gran poema— se encamina a Esciros para convencer a Aquiles de que se incorpore a la lucha. Entra en palacio vestido de mercader y enseña a todas las doncellas preciosas joyas entre las que mezcla disimuladamente algunas armas. Todas se lanzan sobre los collares y brazaletes y sólo Aquiles se inclina por los puñales y dardos... Al astuto Ulises le ha salido bien la artimaña. "Aquiles", le dice, "los griegos te necesitan. En nombre de Agamenón y todos sus ejércitos te suplico que intervengas en la guerra". La diosa Tetis intenta aún retener a su hijo: "Si vas a Troya", le dice con lágrimas en los ojos, "tu fama será grande pero breve tu vida. Si te quedas, por el contrario, vivirás largos y gozosos años".

"¡Pero sin gloria!", respondió resueltamente Aquiles. Nuestro héroe no lo duda: escoge la vida corta pero gloriosa y parte para Troya.

—Y allí muere, de un flechazo en el talón.

—Exacto. Muchos héroes y valerosos soldados perecieron en aquella famosa y triste guerra.

—¿Triste dices, maestro?

—¿Acaso no lo son todas la guerras? En el canto XVIII de la propia *Ilíada* lo proclamo yo con estos versos:

"¡Ojalá la discordia perezca entre dioses y hombres y con ella la ira que al hombre cuerdo enloquece...!"

—La diosa Discordia que provocó la guerra con la manzana y la ira de Aquiles que causó tantas desdichas, ¿no es así, maestro?

—Así es, en efecto, muchacho, así es.

—Oye, pero dime una cosa: ¿quién fue el que abatió al valeroso Aquiles, clavándole un flechazo en su famoso talón?

—¿No te lo he dicho? Fue Paris, el raptor de Helena, en venganza por la muerte de su hermano Héctor. Aunque según otros, quien disparó la flecha mortal contra el héroe de los alados pies fue el dios Apolo, protector de los ejércitos troyanos.

Apolo, la serpiente pitón,
el monte Parnaso

—O sea, que Apolo tuvo parte en la muerte de Patroclo y en la de Aquiles. No cabe duda de que los troyanos tenían un buen aliado.

—Pero de poco les sirvió. A los diez años de acoso, Troya fue asaltada y saqueada por los griegos. Y hasta podría decirse que fue el propio Apolo el responsable del desastre.

—¿De la destrucción de Troya?

—Indirectamente sí. Resulta que el dios se había enamorado de Casandra, hija del rey Príamo y hermana de Héctor y Paris. Y como regalo de amor le había concedido el don de la profecía, de adivinar el porvenir. Pero Casandra fue infiel a Apolo y éste, como castigo, la maldijo con estas palabras:

"Seguirás adivinando lo que ha de ocurrir en el futuro, pero nadie creerá en tus profecías". Y así fue. Casandra vaticinó el desastre de su ciudad y todos sus convecinos lo tomaron en broma descuidando, incluso, la defensa de la muralla. Y la muralla de Troya, que había sido construida por el propio Apolo cuando fue desterrado del Olimpo, fue asaltada de la forma más grotesca.

—Con el famoso caballo de madera, ¿no?

—Veo que la mitología no te resulta tan desconocida, muchacho. En efecto, con el famoso y descomunal caballo de madera. Yo narro la historia en el canto VIII de mi *Odisea*. Los griegos, impulsados por el astuto Ulises, construyen un caballo de madera tan alto como las propias murallas y capaz de albergar en su vientre a un batallón armado. Hacen luego correr el rumor entre los troyanos de que levantan el sitio de la ciudad dando por terminada la guerra, y que precisamente el caballo es una ofrenda a la diosa Atenea para que los proteja durante el retorno a su tierra. Los troyanos dudan en principio. Los jóvenes, gozosos porque la contienda ha terminado y con ganas de divertirse, quieren meter el enorme "juguete" en la ciudad, pero el sacerdote Laocoonte recela y pide que sea arrojado al mar o quemado en la playa.

¿Le harán caso? Ahí está de nuevo Ulises para que tal no ocurra. Vuelve a aguzar su ingenio y desde las naves griegas, que han simulado marcharse pero que, en realidad, están escondidas tras un islote cercano, envía a la ciudad al soldado Sinón, disfrazado de peregrino, que asegura a los troyanos haber visto alejarse por alta mar la escuadra griega. "¿Y sabéis por qué han construido ese caballo tan gigantesco?", revela luego al rey Príamo en plan confidencial. "Para que no podáis introducirlo en la ciudad. Porque si conseguís meterlo, los griegos ya no volverán a atacar más a Troya y, por el contrario, vosotros podréis conquistar sus ciudades".

—¡Qué artimaña más bien tramada, este Ulises era un astuto!

—Ya lo creo, muchacho; el plan dio pleno resultado.

Los troyanos se tragaron el anzuelo y se apresuraron a meter el caballo en la ciudad. "¡Pero si no cabe por las puertas", dijo Laocoonte, tratando aún de disuadir a sus conciudadanos. "¡Pues se tumba un trozo de muralla!", respondieron los más decididos.

Y así se hizo. Se abrió una gran brecha en el muro, metieron el caballo y organizaron en torno a él fiestas, bailes y borracheras.

Mientras tanto, la flota griega, al amparo de la noche, se acerca de nuevo a la ciudad. Los troyanos, vencidos por la fatiga y el vino, han caído en un profundo sopor, circunstancia que aprovecha Sinón para liberar a los trescientos soldados que viajan en el vientre del caballo. Ocupan los puestos estratégicos y a una señal de trompeta el grueso del ejército griego irrumpe en la ciudad por la brecha abierta en la muralla y Troya es arrasada, saqueada y destruida para siempre.

—Sin que Venus ni Apolo, protectores de los troyanos, hicieran nada por impedirlo.

—En efecto.

—Pero aclárame una cosa, maestro. En un punto de tu relato has dicho que Apolo fue uno de los constructores de la muralla de Troya, durante el tiempo que estuvo desterrado del Olimpo. ¿Un dios desterrado, como si fuese un indeseable?

—Ya ves tú. Y aún resulta más extraño si tienes en cuenta que era hijo del propio Zeus y yo diría que la más importante de las divinidades de la mitología después de él. Desde su nacimiento fue un mimado de su poderoso padre. Apenas su madre, Leto, lo dio a luz, en la luminosa isla de Delos, Zeus lo colmó de dones y privilegios. Le regaló un casco o mitra de oro, un carro tirado por cisnes y una lira. Pero, sobre todo, lo hizo el más bello y apuesto de la gran familia de los dioses. De rostro hermoso y noble, porte majestuoso, espesa cabellera negra, voz profunda y mirada altiva, Apolo es considerado como el prototipo ideal de la belleza varonil. Hasta su propia hermana gemela Artemis —la Diana Cazadora de los romanos —quedó eclipsada por la majestad y atractivo del dios.

—Dices que Artemis es la Diana de los romanos, ¿y cómo bautizaron éstos a Apolo?

—Pues mira qué curioso: fue tal la importancia de este dios mitológico en todas las épocas, que es el único caso en que no cambió de nombre. Apolo se llamó entre los griegos y Apolo siguieron llamándolo los romanos.

Pero prosigamos con su historia. Es también una de las más bellas de la mitología, tan bella como el propio dios.

Te he dicho ya que nació en la isla de Delos, cuyo suelo se cubrió de oro para realzar el acontecimiento. Y en el carro tirado por cisnes que le regaló su padre, Zeus, se trasladó, ya adolescente, primero al país de los misteriosos hiperbóreos, donde nunca es de noche, y luego a la ciudad de Delfos, que se convertiría ya para siempre en la ciudad de Apolo.

Aquí comienzan sus aventuras. Hefesto —o Vulcano— le había regalado un haz de flechas y el joven dios las estrenó dando muerte a la serpiente Pitón, un monstruo que habitaba en una cueva de la montaña y que asolaba toda la región destruyendo cosechas y devorando animales y gentes para saciar su hambre. Los habitantes de Delfos proclamaron a Apolo como su libertador y erigieron en la gruta de la serpiente un templo en honor suyo, estableciendo el dios en su recinto un oráculo, el que ya para siempre sería el famoso oráculo de Delfos.

Atendíalo la pitonisa Pitia, que respondía en nombre de Apolo a cuantos acudían de toda la Tierra a consultar el porvenir o la voluntad de los dioses.

—¿Pero por qué la llamaban pitonisa?

—Pues precisamente porque Apolo había forrado con la piel de la serpiente Pitón el trono de oro donde ella se sentaba para pronunciar sus oráculos.

Y mientras Pitia, con voz semejante al trueno, respondía a las preguntas de los mortales, el bello dios Apolo se entregaba a su pasión favorita: la música, el canto y la poesía. ¿Y dónde ejercitar mejor estas aficiones que en el monte Parnaso, morada de las nueve musas? Allí ascendía cada tarde con la lira que le regalara su excelso padre, y en compañía de las nueve hermanas, hijas también de Zeus, pasaba largas veladas cultivando todas las artes imaginables, de las que cada una de las jóvenes diosas era y es la protectora.

Inspira la musa Calíope a los poetas épicos y ellos componen los sonoros versos de las epopeyas.

—Ella es, entonces, tu musa, ¿no es así, Homero?

—Cierto. Fue Calíope, al son de la heráldica trompeta que lleva en sus manos, quien me dictó los cantos de *La Ilíada* y *La Odisea*.

Clío es la musa de la historia. Ella mantiene frescos, en la mente de quienes los escriben, los hechos heroicos de los hombres y los pueblos.

Melpómene, con su aire triste y severa mirada, inspira la tragedia. Los grandes escritores trágicos griegos, Eurípides, Sófocles y Esquilo, compusieron sus obras a su dictado.

Talía, por el contrario, musa de la comedia, inspiró las graciosas obras de teatro de Aristófanes, uno de nuestros comediantes más divertidos y burlones.

Urania es la musa protectora de la astronomía y de las ciencias exactas.

Los poetas líricos, aquellos que cantan al amor, lo hacen inspirados por Erato, musa coronada de mirto y rosas, que recita sus versos al son de una lira semejante a la de Apolo.

Todos los moradores del Parnaso hacen coro, extasiados, cuando ambos actúan juntos. ¡Qué espectáculo, muchacho, qué maravilla!

La musa y el dios tañen al unísono sus instrumentos y a su compás baila la alegre Terpsícore, musa de la danza; interpreta sus melodiosas canciones Polimnia, protectora del canto y la oratoria, y realza tan extraordinario concierto Euterpe, musa de la música, haciendo sonar su flauta melodiosa. ¡Y asómbrate de que hasta el mismísimo Eolo, dios de los vientos y furiosos huracanes, reprime aun la más leve brisa para escuchar y contemplar tanta belleza y armonía!

—Por lo que cuentas, el monte Parnaso poco tenía que envidiar al Olimpo.

—No te falta razón. Y más, si sabes que alfombraban su cumbre todas las flores imaginables, que de sus fuentes, Hipocrene y Castalia, fluye el agua pura de la inspiración de los poetas y que el propio caballo alado, Pegaso, pasta y retoza en sus verdes praderas. El Olimpo y el Parnaso son los dos grandes paraísos de la mitología. Pero de uno y de otro desterró Zeus un día a su hijo predilecto, enviándolo a la Tierra y sometiéndolo a las mismas penalidades que a los hombres.

—¿Pero por qué?

—Pues verás. Resulta que Apolo tuvo un hijo, llamado Asclepio, y confió su educación al sabio centauro Quirón.

—¿Al mismo que curó y educó a Aquiles?

—Justamente. Quirón enseñó a Asclepio el arte de la medicina y fue tal su aprovechamiento que pronto superó al maestro, curando toda clase de enfermedades y llegando, incluso, a resucitar a los muertos.

Esto alarmó al dios Hades, que corrió a quejarse a Zeus:

—¡Me confiaste el reino subterráneo de los muertos y resulta que Asclepio, hijo de Apolo, devuelve a la vida a cuantos deberían atravesar mis fronteras! ¡Me estoy quedando sin clientes!

El gran Zeus, que opinaba por su parte que sólo los dioses son dueños de la vida y la muerte de los hombres, se irritó y lanzó su rayo mortal contra Asclepio. Enfurecido Apolo por la muerte de su hijo, se encaminó al país de los cíclopes, que eran quienes forjaban los rayos del gran Zeus, y trabó con ellos descomunal batalla, matándolos a todos, uno a uno.

Asclepio, llamado luego Esculapio por los romanos, quedaría ya para siempre como dios y protector de la medicina, pero su padre Apolo fue castigado por su venganza y enviado a la Tierra a trabajar como esclavo de los hombres. Primero participó en la construcción de la muralla de Troya, como antes te dije, y luego pasó a cuidar los rebaños de bueyes y vacas del rey de Tesalia.

—¿Un dios pastor de vacas?

—Un dios pastor, en efecto. Pero fíjate que hasta en este humilde oficio sigue Apolo deslumbrando por su hermosura y su ingenio de músico y poeta. Precisamente por su experiencia pastoril sería también nombrado dios protector de los campos y de los animales. Y te diré más: en sus correrías campestres protagonizó Apolo algunas de las más bellas leyendas de la mitología clásica.

Liras contra flautas

—¡Qué hermosas son las verdes praderas y umbrosos bosques mitológicos, muchacho, amigo mío!

Por ellos corrió Apolo durante su placentero destierro entre los hombres, recitando melodiosos versos y haciendo sonar su lira. Las nueve musas, que bajaban del Parnaso a consolar al dios en su destierro, entonaban cánticos excelsos, y las ninfas de los bosques y las fuentes danzaban en corro coronadas de jacintos.

Y a lo lejos, sonaba la flauta de Pan.

La lira y la flauta son los dos instrumentos mitológicos por excelencia. De su música están llenas todas las leyendas y fábulas de la mitología.

La lira de siete cuerdas, regalo de su padre Zeus, era la preferida del dios Apolo. Su música era dulce como ninguna. Un día la escuchó Orfeo, hijo de la musa Calíope, y se prendó de su armonía. Apolo le enseñó a manejarla y hasta le regaló una. Orfeo, entusiasmado, añadió al instrumento dos cuerdas más, en honor de las nueve musas del Parnaso, y consiguió superar en destreza interpretativa a su propio maestro. ¡La música de Orfeo jamás ha sido ni será superada! Las fieras salvajes se tornaban mansas cuando la escuchaban y hasta los ríos detenían su corriente y los vientos su carrera para extasiarse con la lira de Orfeo.

Los mismísimos monstruos del infierno o Tártaro quedaron hechizados con su son cuando allí descendió nuestro divino músico en busca de su esposa Eurídice, muerta por la picadura de una serpiente. Tañendo la lira apaciguó Orfeo a Cancerbero, que custodiaba la puerta del abismo; tañendo la lira calmó a las furias que querían devorarlo; tañendo la lira convenció al dios Hades para que le devolviese a su esposa, si bien hubo de aceptar una pequeña condición: la de no mirarla a la cara hasta llegar al reino de los vivos. ¡Pero eran tantas las ansias de contemplar otra vez la belleza de su amada, que Orfeo le levantó el velo que le cubría el rostro y Eurídice se convirtió en humo, esfumándose en el aire para siempre! Y la lira del lírico músico quedó muda también para siempre jamás.

Pero siguió sonando la del dios Apolo, maravillando a cuantos la escuchaban, y hasta haciéndolos llorar de emoción. Como ocurrió en el desafío musical que sostuvo con el sátiro Marsias, inventor de la flauta de doble tubo. Tan orgulloso estaba de su instrumento y de lo bien que lo tocaba que un día retó a Apolo, poniendo como jueces a todos los habitantes de la ciudad de Nisa. El propio Marsias fue el primero en comenzar la competencia musical; su flauta sonaba melodiosa, alegre, imitando el trinar de los pájaros, el murmullo de las olas, el rumor de las fuentes, la furia del huracán y el tenue silbido de la brisa.

El público aplaudió con enorme entusiasmo, pero Apolo no se arredró: templó su lira, cerró los ojos, invocó a todas las musas del Parnaso, amigas suyas, y comenzó a tañer su dorado instrumento mientras entonaba una canción nostálgica, con historias de amor y desengaños.

A los habitantes de Nisa se les sobrecogió el corazón. Rompieron en dulces lágrimas y dieron el premio del certamen al dios Apolo por completa y aplastante unanimidad.

Pero hay que añadir, en honor a la verdad, que al dios le agradó tanto el sonido de la flauta de Marsias que, en cuanto tuvo ocasión, consiguió una igual y aprendió también a tocarla con maestría. Y la ocasión se le presentó cuando el joven Hermes, hijo de Zeus y de la pléyade Maya, robó los bueyes que pastoreaba Apolo y los encerró en una cueva. El dios acudió furioso a rescatar su rebaño, pero hete aquí que, al llegar a las cercanías de la gruta, un dulce son lo hace detenerse, absorto. ¿Qué es lo que suena tan melodiosamente? Ni más ni menos que la siringa o flauta de Pan, tocada por el joven Hermes. Apolo queda tan prendado de la música que acepta, sin pensarlo dos veces, el trato que aquél le propone: "Te cambio las vacas por la siringa". "De acuerdo". Y desde entonces, el dios Apolo fue ya consumado maestro en los dos instrumentos mitológicos por excelencia: la lira y la flauta.

—Pero al instrumento que le dio Hermes tú lo has llamado siringa o flauta de Pan...

—Justamente. Porque fue el dios Pan quien la inventó. Su leyenda es una de las más bonitas de cuantas acontecieron en los bosques mitológicos.

Pan era un dios de extraña figura: la mitad superior de su cuerpo era humana y la inferior de macho cabrío, con pezuñas en vez de pies. Pero a pesar de su aspecto era un dios juguetón y enamoradizo. Un día que sesteaba a la sombra de una higuera silvestre vio pasar cerca a la ninfa Siringe. Se enamoró de inmediato de ella y se puso a perseguirla por bosques y valles.

Cansada la ninfa de tanto correr, invocó a los dioses que viniesen en su ayuda y éstos, compadecidos, la convirtieron en alta y cimbreante caña de las que crecen a la orilla de los lagos. Pan se abrazó a ella y suspiró de tristeza. La caña, mecida por el viento, suspiró también con sonido melodioso. Y entonces el dios cortó varios trozos de su tallo y con ellos construyó la siringa o caramillo de los pastores, en cuya música puede aún adivinarse el triste lamento de la ninfa Siringe.

—Una bellísima historia, ya lo creo que sí.

—Casi todas las relacionadas con las ninfas lo son.

—Pero ¿quiénes son las ninfas, maestro? Están apareciendo repetidamente en tu relato y me gustaría...

—Las ninfas son las divinidades femeninas de la naturaleza. Ellas producen la fecundidad de la tierra y reciben distintos nombres según el lugar donde moran: náyades si viven en los ríos y fuentes, nereidas si en el mar, oréades si en las montañas y alseides si pueblan los bosques sagrados.

Por su extraordinaria belleza son requeridas de amor por los dioses y los hombres y no es la ninfa Siringe, de la que acabo de hablarte, la única que se transformó en algún elemento de la naturaleza para librarse del acoso de sus pretendientes. Otro ejemplo es Dafne, que se convirtió en laurel ante la persecución amorosa de Apolo. También esta leyenda es hermosísima, verás.

Resulta que Apolo, arrogante siempre, se había reído un día de Eros o Cupido, dios del amor, haciéndolo quedar mal ante la gente por no saber manejar el arco con el que lanzaba sus flechas amorosas. Y Cupido, para demostrarle todo lo contrario, afinó su puntería y clavó un dardo en el corazón del propio Apolo y otro en el de la bellísima ninfa Dafne. Sólo que el primero era de amor apasionado y el segundo de odio y desdén.

¡Y otra vez la tragedia del amor no correspondido! Mientras el dios se lanza como un loco en busca de la ninfa, ésta huye despreciando sus requerimientos. Y de nuevo se repite la historia de Pan: a punto está Apolo de alcanzarla y abrazarla, cuando los dioses, compadecidos, la convierten en un verde laurel, que es precisamente lo que significa "dafne" en la lengua griega. El dios arranca amorosamente una de sus ramas y se corona con ella la frente, estableciendo que sea el laurel, desde entonces, la recompensa de los buenos poetas.

—Oye, Homero, pero por lo que me cuentas, poco éxito parece que tenía Apolo en las cosas del amor: ni Casandra, la princesa de Troya, ni la ninfa Dafne prestaron demasiada atención a la belleza del dios.

—Tienes razón, muchacho. No fue Apolo muy afortunado en sus relaciones amorosas. Pero es que tampoco lo fue en sus amistades. Amigo íntimo del joven Jacinto, jugaba un día con él a lanzarse el disco olímpico, cuando Céfiro, que estaba celoso de esta amistad, desvió el juguete golpeando mortalmente la sien del muchacho, cuya sangre regó la tierra. Apolo, inconsolable, hizo brotar de ella la flor azul que llevaría para siempre el nombre de su amigo muerto.

A Ciparis, otro de sus íntimos amigos, y por su propio deseo, lo convertiría Apolo en ciprés, árbol que simboliza la amarga tristeza, cuando el joven dio muerte, sin querer, a un hermoso ciervo que cuidaba y quería entrañablemente.

—¡La mitología está llena de transformaciones de personajes en plantas!

—En plantas, en animales o en ríos y fuentes, ya te lo comenté al hablar de las ninfas. Es lo que en mitología se denomina metamorfosis. El poeta latino Ovidio escribió un libro dedicado totalmente a este tema. Y entre las metamorfosis más célebres de la mitología están, sin duda, las del propio padre de los dioses, Zeus o Júpiter. Él se convirtió en toro para conseguir a la princesa Europa, y en cisne para enamorar a la reina Leda.

Son dos historias a cual más curiosa:

Europa era hija del rey de Fenicia, Agenor, y sobresalía entre todas las mujeres por su belleza deslumbrante.

Jugaba Europa un día con sus compañeras en un prado cercano a la playa, cuando la vio Zeus y se enamoró apasionadamente de ella.

"¿Pero qué hacer para conquistarla?", se preguntaba el padre de los dioses. "Si me presento en todo mi esplendor divino y con el rayo en la mano, seguro que se asusta y huye de mí".

Entonces se le ocurre la estratagema: se convierte en un gallardo toro, de piel blanca y brillante cornamenta semejante a la media luna, y se pone a pastar en el prado donde juega Europa. La joven princesa se asusta al principio. Pero pronto cobra confianza ante el hermoso y pacífico animal y comienza a acariciarlo y a coronarle la testuz con guirnaldas de flores. Hasta llega a sentarse, mimosa, sobre su lomo, acariciándole el sedoso cuello. Zeus aprovecha la ocasión y emprende un trote impetuoso, se adentra en el mar, lo atraviesa de punta a punta y llega hasta la isla de Creta, siempre con la bella y despavorida Europa a su grupa. La joven grita, pide ayuda a los dioses del Olimpo, y Venus, diosa del amor, le responde desde los altos cielos: "¿Por qué te afliges, mortal? ¿Acaso ignoras que eres esposa de Zeus Tonante, que el propio padre de los dioses te ha elegido entre todas las mujeres? Apaga tu llanto y hazte digna de tu alta misión. De hoy en adelante, una parte del mundo llevará tu nombre".

Y con el nombre de Europa se bautizó, en efecto, el continente que alberga la blanca Grecia y todos aquellos pueblos o países que heredaron su cultura.

Europa, la amada de Zeus…

Como, asimismo, lo fue Leda, esposa de Tíndaro, rey de Esparta. Se enamoró de ella el padre de los dioses, y sabiendo del gusto de la reina por los blancos cisnes de los lagos, se transformó en uno de ellos y la amó. Cuatro hijos tuvo Leda, gemelos dos a dos: Cástor y Clitemnestra (la esposa de Agamenón, jefe de los griegos en la guerra de Troya), de su esposo Tíndaro; y Pólux y Helena (la bella causante de la famosa guerra), del dios Zeus.

La mitología, como ves, amigo mío, está llena de metamorfosis o transformaciones. Pero si te has fijado bien, casi todas ellas motivadas por la amistad o por el amor. El amor, lo mismo entre los dioses que entre los hombres, ha sido siempre capaz de todo. De las conquistas más arriesgadas, de las transformaciones más profundas y de los heroísmos y renuncias más sublimes.

Precisamente la historia de Cástor y Pólux, hijos de Leda, es un ejemplo hermoso como hay pocos. Nunca dos hermanos se amaron tanto ni renunciaron a tanto el uno por el otro.

—Pero en realidad, por lo que acabas de contarme, eran sólo hermanos de madre, ya que el padre de Cástor era...

—Justo, justo. Anda, siéntate aquí a mi lado, muchacho, y escucha el más emocionante relato que hayas podido imaginar.

Tres historias de amor

—Cástor y Pólux eran sólo hermanos de madre, de la hermosa reina Leda, amante de los cisnes de armonioso cuello. Pero el padre de Cástor era el rey Tíndaro y el de Pólux el gran Zeus, dios de dioses. Para entendernos mejor: Cástor era mortal y Pólux inmortal. Mas el amor no tiene barreras y los dos se amaron entrañablemente. Jugaron juntos de niños y juntos emprendieron, ya mozos, las más arriesgadas aventuras. Cástor era diestro en la doma de caballos y manejo de las armas, y nadie ganaba a Pólux en la pelea cuerpo a cuerpo. Hermosos ambos como el propio Apolo, su fama no tenía igual en todo el reino de Esparta.

La primera aventura que acometieron juntos fue la de liberar a su hermana Helena de manos de Teseo, que la había raptado.

—¿Otra vez? ¿Pero es que a Helena la estuvieron raptando durante toda su vida?

—Tal fue su destino a causa de su extraordinaria belleza. Pero este rapto al que ahora me refiero fue anterior al de Paris, que provocó la guerra de Troya.

Helena era poco más que una niña cuando Teseo, el héroe que mató al terrible minotauro del laberinto de Creta, la raptó y se la llevó a Atenas. Cástor y Pólux fueron en su busca y la rescataron tras singular batalla.

A partir de este momento sus aventuras y hazañas no tienen fin. Juntos participan en la cacería del terrible jabalí que asolaba el reino de Calidón. Juntos toman parte en la famosa expedición de los argonautas, héroes que arrostraron fantásticas peripecias, en su nave Argos, para conquistar el vellocino de oro vigilado por un formidable dragón. Juntos luchan y vencen a los piratas del mar Egeo. Y, juntos, en fin, participan en numerosas leyendas y aventuras de la mitología griega y luego también de la romana.

Juntos siempre, inseparables siempre. Ni la muerte pudo separarlos. Aquí es donde la leyenda se hace hermosa como ninguna. Habían entablado los dos hermanos extraordinario combate contra sus primos Idas y Linceo, a causa del amor de dos bellas princesas, cuando hete aquí que Cástor es alcanzado y muerto por la espada de Idas. ¡Oh, dolor de dolores para el desolado Pólux! Su desesperación no tiene medida, quiere darse muerte con su propia espada, pero no lo consigue porque es inmortal. Entonces, escala el Olimpo y se postra ante su padre, Zeus: "¡Oh, dios de dioses, padre mío!, ¿para qué quiero yo la vida si no vive Cástor, mi hermano? Si siempre vivimos juntos, como la flor y su aroma, como el sol y su luz, ¿acaso podré yo vivir ahora solo, sin su dulce compañía? Yo te pido, oh gran Zeus, que rompas las leyes naturales y me concedas esta gracia: o bien que yo muera, aun siendo inmortal, para unirme con Cástor, o bien que él resucite para siempre".

El poderoso Zeus, conmovido por las súplicas de Pólux, inventó la fórmula más singular que nadie pudo nunca imaginarse para resolver el problema de amor de los dos gemelos. Hizo que la mitad del año descendiese Pólux al reino de los muertos, y que la otra mitad ascendiese Cástor al de los vivos. Y así siguen y seguirán los dos hermanos juntos, inseparables como la uña y la carne, como la voz y el eco por los siglos de los siglos...

Como la voz y el eco, acabo de decirte. ¿Tú sabes que Eco fue una hermosa ninfa, enamorada de Narciso, que murió de pena repitiendo su lamento por los valles y montañas? Es otra de las más bellas historias de amor de la mitología.

Vivía Eco en el monte Olimpo. Y era famosa por su melodiosa voz y su maestría en contar historias. Hera, la esposa de Zeus, se pasaba horas y horas escuchándola embelesada. Hasta que un día cayó en la cuenta de que su excelso marido aprovechaba su distracción para entregarse a sus aventuras amorosas. Se enfureció la diosa Hera con la pobre Eco, como si ella tuviera la culpa, y además de desterrarla del Olimpo y enviarla de nuevo a los bosques, la condenó a que nunca más pudiese hablar por sí misma, repitiendo tan sólo cuanto oyera decir a los demás.

Y justo en este punto comienza su triste historia de amor. Se enamoran Eco y el joven Narciso, bello como el dios Apolo, y ambos se reúnen, en las noches de luna, junto a la fuente Castalia que nace en la cumbre del Parnaso. Pero la maldición de Hera comienza a surtir efecto: cada vez que Narciso expresa su amor a su bella ninfa, sólo escucha de la boca de Eco el sonido repetido de sus propias palabras.

"¿Te estás burlando de mí?", grita airado el joven mancebo. Y en un arranque de orgullo, huye abandonando a la ninfa. Ésta llora y se desespera. Corre por valles y bosques detrás de su amado, llamándolo sin cesar: "¡Narciso, Narciso, Narciso...!"

Pero Narciso no la escucha. Abatida por la tristeza, Eco ya no duerme, ni come, ni reposa. Y poco a poco va muriéndose de pena, su bello cuerpo se consume como una flor y sus blancos huesos se convierten en rocas que repiten su llamada y su lamento eternamente.

El orgulloso Narciso, mientras tanto, andaba mirándose en todas las fuentes y riachuelos, que le servían de espejo para admirar su extraordinaria belleza. Y es que la primera vez que se vio reflejado en las aguas, se encontró tan atractivo que se enamoró de sí mismo. Y en ello estuvo su perdición. Ya se lo había anunciado a su madre, la ninfa Liriope, el adivino Tiresias: "Este niño que acabas de tener llegará a viejo tan sólo si no se da cuenta nunca de su hermosura". ¡Pero vaya que sí se dio cuenta! Andaba un día de caza y se acercó a un pequeño arroyo a saciar su sed. Vio su hermoso rostro reflejado en las aguas y ya se olvidó de beber, de comer y de todo para siempre. Su única ocupación era sumergir apasionadamente sus manos en el río tratando de acariciar y abrazar aquella gentil figura. Pero entonces la imagen se deshacía y Narciso se desesperaba. Y allí, a la orilla del agua, se consumió de amor por sí mismo y de dolor por no poder alcanzar lo que amaba. Y dice la leyenda que se convirtió en la bella flor que lleva su nombre, la cual nace siempre en las orillas de los ríos y se contempla en el espejo de las aguas transparentes.

—Un nuevo caso de metamorfosis...

—Así es, muchacho. Como también lo fue el del pastor siciliano Acis, convertido por su amada Galatea, en el río que lleva el mismo nombre. Déjame que te cuente su historia. Podríamos titularla: El amor de Acis y Galatea y los celos del gigante Polifemo.

¿Te acuerdas que te expliqué que las nereidas eran las ninfas que habitaban en el mar? Pues bien, Galatea era una de ellas, sobresaliente entre todas por su hermosura y por su cuerpo blanco como la propia espuma de las olas. Estaba enamorada de Acis, un joven pastor de la isla de Sicilia, que se acercaba todas las tardes con sus rebaños a la orilla del mar para ver a la bella nereida y hablar con ella. Pero resulta que, a su vez, el cíclope Polifemo también se había enamorado de Galatea.

—Los cíclopes, a ver si recuerdo bien, eran los gigantes que fabricaban los rayos de Zeus, y a los que mató Apolo precisamente cuando el padre de los dioses disparó uno de sus rayos contra su hijo Asclepio.

—¡Buena memoria, muchacho! Veo que no se te olvida ni un ápice de cuanto te voy contando. Y ello me anima a seguir, pues el interés y la atención de quien escucha es el mejor premio para quien narra historias o recita versos.

Te decía, pues, que el cíclope Polifemo se había enamorado de la nereida Galatea. Pero ella, prendada del joven Acis, no hacía el menor caso al gigante. ¡Y cómo había de hacérselo si era el más horrible y salvaje de todos los cíclopes! Sólo tenía un ojo en medio de la frente y todo su cuerpo estaba cubierto de pelo áspero y sucio. Comía carne cruda y sus gestos y su voz eran fieros y estridentes como el trueno o el rugido de las fieras. ¡Y eso que el amor por Galatea había hecho que el monstruoso gigante cuidase su aspecto para agradarla y conquistarla! Con una guadaña afeitaba su barba todos los días y con un rastrillo peinaba su tosca cabellera. Se lavaba en el agua de los lagos y hasta dicen que recorría valles y montañas entonando, con su bronca voz, dulces canciones para su amada.

Una tarde que se encaminaba hacia el mar para ver a Galatea, lo que su único ojo vio fue algo que lo hizo enfurecer. Sentados en la arena de la playa, la hermosa nereida y el pastor Acis hablaban amorosamente, tomados de las manos y mirándose con ternura. Polifemo estalla en celos. Arranca un enorme peñasco y, con un alarido aterrador, lo lanza contra el joven Acis aplastándolo sobre la arena de la playa. Galatea, desolada, mezcla sus lágrimas con la sangre de su amado pastor, y hace que fluyan juntas para siempre, convertidas en el río Acis, que recorre la isla de Sicilia. Luego se esconde en el fondo de los mares, en el palacio donde moran las nereidas, para no salir ya nunca de sus muros de cristal.

Pero también el rudo Polifemo se siente desolado. ¿Qué ha conseguido matando a su rival? Tan sólo perder para siempre a su adora-

da Galatea. Por eso también él decide recluir-
se de por vida en su caverna de la montaña.

Sólo saldrá para llevar a pastar sus gana-
dos. Pero apenas el sol comienza a declinar
cada atardecer, el gigantesco cíclope rehúsa
las fiestas y tertulias de los otros pastores y
regresa taciturno a su oscura morada para
rumiar allí su dolor y su soledad.

Los mil y un naufragios de Ulises

—Precisamente, una de aquellas tardes, al retornar el cíclope Polifemo a su cueva, se encontrará en ella a Ulises y a sus compañeros de viaje.

—¡Un momento, Homero, un momento! ¿Te estás refiriendo acaso al astuto Ulises, el héroe de Troya, al que se le ocurrió lo del gigantesco caballo de madera para asaltar la ciudad?

—Al mismo. Ulises es el protagonista de la segunda epopeya que yo escribí: *La Odisea*. En ella cuento y canto las aventuras del héroe de Troya en su largo viaje de regreso a Ítaca, país del que era rey y de donde había salido para unirse a los ejércitos de Menelao que fueron a rescatar a la bella Helena, raptada por el troyano Paris.

Una vez terminada la guerra, todos los héroes griegos emprendieron camino de regreso a sus países de origen. Y también Odiseo, a quien esperaban en Ítaca su esposa Penélope y su hijo Telémaco.

—¿Odiseo...? ¿Pero no estabas hablando de Ulises?

—¡Vaya, otra vez el lío de los nombres! Y que conste que en esta ocasión no quería confundirte pero se me ha escapado. Ulises y Odiseo son un mismo personaje, ¿comprendes? Te diré más: el verdadero protagonista de mi historia es Odiseo, y de ahí le viene el título a la epopeya, pero una vez más el nombre latino prevaleció sobre el griego original, y Ulises se llamará mi héroe por los siglos de los siglos. Y con este nombre proseguiré yo también mi relato, que ni soy, a mis años, cicatero en estas cosas, ni lo que importa de un personaje inmortal como el que yo creé es su nombre, sino su personalidad y sus hechos.

Ulises ha sido considerado por todos los comentaristas de mi epopeya como el símbolo del hombre viajero, del hombre que logra vencer todas las dificultades con las que se topa en el camino de la vida, para llegar sano y salvo a buen puerto y alcanzar la meta deseada.

Ulises la alcanzará. Nadie como él habrá de arrostrar mayores aventuras y desventuras para llegar a Ítaca. Su viaje será el más largo y penoso de cuantos hombre alguno pudo emprender, pero al final logrará abrazar a su esposa y a su hijo.

Yo voy a rememorar contigo, muchacho, algunos de los episodios de esta fascinante epopeya. Con la intención, para qué ocultártela, de que mi relato te cautive de tal modo que te apetezca luego leer de pe a pa *La Odisea* con todos y cada uno de sus veinticuatro cantos. A lo largo de ellos comprobarás cómo resolvió Ulises las dificultades y cómo logró desembarazarse de sus adversarios.

Pero serás tú quien juzgues, al final, cuándo nuestro héroe obró con inteligencia y valor y cuándo lo hizo con astucia y hasta con engaño y perfidia. Que si la vida es un largo camino y una meta por alcanzar, quizá no todas las maneras de lograrla sean honestas y válidas.

—Te estás poniendo demasiado sentencioso, maestro Homero.

—Tienes razón, muchacho, deben ser los años... Te prometo que de ahora en adelante dejaré las filosofías para Platón, Aristóteles y demás compatriotas del oficio, y yo me ocuparé de lo mío, que es contar historias lo más llana y amenamente posible.

¡Ah, el viaje de Ulises a través de mares y tierras! ¡Cómo me place volverlo a recordar! No salía de un peligro para entrar en otro mayor.

Antes de encontrarse con el gigante Polifemo, los malos vientos ya lo habían arrastrado al país de los terribles ciclones y luego al de los engañosos lotófagos. Logró vencer a los primeros en encarnizada batalla, aunque perdió en la pelea a setenta y dos de sus mejores hombres; pero del reino de los segundos era más difícil escapar, aun cuando eran apacibles y dulces como las flores de las que se alimentaban.

—¿Comían flores?

—Comían lotos, de ahí su nombre de lotófagos. ¡Y en mala hora los comieron también algunos de los hombres de Ulises! Probarlos, perder la memoria y sentirse plenamente a gusto en aquella tierra sin acordarse ni apetecerles ya regresar a la suya fue todo uno. A la fuerza tuvieron que embarcarlos sus compañeros para poder proseguir el viaje.

Es curioso... ¿Sabes que ahora que lo pienso me doy cuenta de que las mayores dificultades que tuvo que vencer Ulises para regresar a Ítaca fueron de este género? Del de los deliciosos lotos, quiero decir. Porque, sin duda, resulta más difícil vencer la tentación de algo que te atrae irresistiblemente que superar un obstáculo que se interpone en tu camino, ¿no lo crees tú así? Ulises y los suyos tuvieron que vencer enemigos y luchar contra vientos y huracanes que desviaban el barco de su ruta; pero sobre todo tuvieron que desoír no pocas veces las dulces "voces de sirena" que los invitaban a olvidar su viaje y su meta final y a quedarse plácidamente donde estaban. ¿Sabes que precisamente la expresión "voces de sirena" se inventó a raíz de un pasaje de *La Odisea*?

Sí, verás. Fue cuando Ulises y su tripulación, después de sortear mil peligros, avistaron a lo lejos la isla de las sirenas. Eran éstas divinidades marinas cuyos cánticos resultaban tan melodiosos que nadie que los escuchara podía resistir las ganas de acercarse hasta ellas. Pero Ulises sabía que aquella música era una trampa y que nadie había salido con vida de la isla. Así que echó mano de su astucia y llamó a su lugarteniente Euríloco:

—Toma cera derretida —le ordenó— y tapa con ella los oídos de toda la tripulación, los tuyos incluidos. Luego, átame a mí bien atado al palo mayor de la embarcación. Quiero oír las voces de las sirenas y comprobar si son tan irresistibles como dicen. Pero ten esto bien presente, Euríloco: si pido en algún momento que me desatéis del mástil, ¡no me hagáis caso!

Todo ocurrió como nuestro héroe había previsto; se acercó la nave a la isla de las sirenas, y al punto comenzó a escucharse una dulce melodía que llenaba el aire. Jamás Ulises había oído nada igual. Ni el canto de los pájaros ni la lira del propio Apolo o la flauta del mismo Pan podían compararse con aquella música. Y si seductora era la melodía de las canciones, mucho más lo eran los versos que las sirenas entonaban: "¡Ven, Ulises! ¡Detén tu nave en nuestras doradas playas! Cuantos se recrearon con nuestros cantos, se sintieron los seres más dichosos del mundo. ¡Aquí serás más feliz que en Ítaca! ¡Nuestras praderas son más hermosas que las del Olimpo! ¡Ven, Ulises! ¡Ven, ven...!"

Y el héroe, seducido por aquellas voces, comenzó a gritarles a sus compañeros:

—¡Desatadme, os lo suplico, os lo ordeno, soy vuestro capitán, soltadme, quiero ir a la isla de las sirenas...!

Pero nadie lo oía y, por tanto, nadie le hizo caso. Y pudo así librarse del embrujo de aquellos seres, más difícil de vencer que la fuerza bruta del gigantesco Polifemo.

—¡Supongo que ahora sí me contarás la historia del cíclope...!

—Claro que lo haré, pero será la última aventura de *La Odisea* que te cuente, muchacho, porque ya te dije antes...

—...que esperas que yo la lea de pe a pa sin olvidar ni un solo verso. Te prometo, por Zeus Olímpico, que así lo haré, ¡pero estoy seguro de que la aventura de Polifemo hará que me den aún más ganas!

—Llegaron Ulises y los suyos al país de los cíclopes. Era una isla cubierta de frondosos bosques. Se internaron en busca de comida, cuando descubrieron de pronto la boca de una gran cueva resguardada por altos y verdes laureles. Muy cerca sesteaba un nutrido rebaño de ovejas y cabras.

—¡Ya tenemos comida! —exclamó alborozado un hombre.

—¡Un momento! —replicó Euríloco—. Ulises, ¿te has fijado en eso que está junto a la cueva?

—¡Por todos los dioses, es el hacha más grande que haya visto jamás! ¡Sólo un gigante sería capaz de manejar semejante herramienta!

No había duda de que estaban ante la morada de un cíclope de estatura descomunal. Un oscuro temor se apoderó de todos. Temor que se convirtió en pánico cuando Euríloco gritó de nuevo:

—¡Ulises, la tierra está temblando, son las pisadas del gigante que se acerca!

Se refugiaron en el interior de la caverna y al punto apareció en la boca Polifemo. Llevaba en sus manos un haz de leña y con el único ojo de su frente, que le daba un aspecto terrorífico, miró de hito en hito a los intrusos. Luego tomó un enorme pedrusco —que ni varios carros de cuatro ruedas hubieran podido transportar— y tapó con él la entrada de la gruta.

—¿Quiénes sois, forasteros? —preguntó con voz de trueno que hizo temblar las paredes y la alta techumbre.

—Somos griegos —respondió Ulises, tratando de disimular su pánico— que luchamos en la guerra de Troya y ahora regresamos a nuestra patria, Ítaca. Imploramos tu hospitalidad para poder proseguir nuestro viaje.

El gigante lanzó una horrísona carcajada y, tomando en una de sus manos a Ulises, lo acercó a su único ojo.

—¡Ridículos y pequeños ratones! Me serviréis como alimento. Llevo ya demasiado tiempo devorando ovejas y cabras y estoy harto.

—¿Quieres decir que eres capaz de comer carne humana? —preguntó Ulises con voz cada vez más aterrada.

—¿Y por qué no? —exclamó el gigante, tumbándose a dormir sobre un montón de heno—. Mañana mismo me desayunaré con dos de vosotros.

Cuando el cíclope comenzó a roncar, Ulises habló así a sus compañeros:

—Como veis, está dispuesto a devorarnos.

—¿Y qué podemos hacer...?

—No nos queda más solución que matarlo nosotros a él.

—¿Estás loco? ¡Con un solo dedo puede reducirnos a polvo a todos juntos!

—Tengo una idea. ¿Veis ese tronco de olivo? Haremos con él una gran pica, ayudándonos de nuestras espadas, y se la clavaremos al gigante en su único ojo mientras duerme.

Pusieron manos a la obra pero era ya casi el alba cuando terminaron de sacar punta al grueso madero. El gigante se removió y habló todavía entre sueños:

—¿Estáis dispuestos, ratones? El hambre comienza a acuciarme. Os devoraré a todos y de último a vuestro jefe. Y por cierto, todavía no me has dicho cómo te llamas.

Ulises se acercó a la cara del gigante y contestó en tono conciliador:

—Me llamo Nadie.

—¿Nadie? Pues a Nadie será al último a quien devore.

Trató de incorporarse. Entonces Ulises increpó a sus compañeros:

—¡Ahora es el momento, amigos! —tomando entre todos la gran lanza de madera, arremetieron contra Polifemo hundiéndole certeramente la aguda punta en el ojo.

Nunca se había oído un alarido tan formidable. La gruta entera tembló con los gritos de dolor y las convulsiones del gigante, que se revolcaba por el suelo intentando arrancarse la pica. Lo logró al fin, y mientras manaba un raudal de roja sangre del cuenco de su ojo, retiró a tientas la losa que cerraba la boca de la cueva y llamó a grandes voces a sus compañeros, los cíclopes de la isla.

—¡Ay de mí, compañeros, acudid a socorrerme!

Se acercaron varios gigantes vecinos a la gruta de Polifemo y, al verlo en tal estado, le preguntaron:

—¿Quién te ha herido así, Polifemo? ¿Quién te ha atacado con tanta crueldad?

—Oh, amigos míos, Nadie me ha atacado, Nadie me ha herido y dejado ciego.

—Pues si no ha sido nadie —respondieron ellos—, ten paciencia, acepta la desgracia que Zeus te envía y llama en tu auxilio a tu padre Poseidón.

Los cíclopes regresaron a sus guaridas y Ulises volvió a poner en juego su astucia para escapar de Polifemo.

—Que cada uno —ordenó a sus hombres— se cuelgue del vientre de un carnero, agarrándose fuertemente a su lana con manos y pies.

Así lo hicieron todos e instigaron luego al rebaño para que saliese fuera de la gruta. El gigante iba palpando el lomo de cada uno de los animales para impedir que se fugasen entre ellos los prisioneros, sin sospechar ni remotamente dónde se ocultaban. Y una vez todos fuera de la gruta, emprendieron los fugitivos veloz carrera hasta el barco, haciéndose de inmediato a la mar. Desde cubierta, increpa Ulises a Polifemo con tanto sarcasmo y carcajadas tales, que acercándose el cíclope al acantilado, arranca la cumbre de una gran montaña y la arroja con furia a las aguas del mar. Olas gigantes se levantaron al punto, y todo el océano amenazó con tragarse la embarcación. Y más todavía cuando Polifemo invocó a su padre, Poseidón, dios de las profundidades marinas, que desató contra nuestro héroe todas las tempestades y huracanes.

Desde ese punto el viaje de Ulises se convirtió en el viaje de los vientos adversos. Como una cáscara de nuez anduvo su nave, zarandeada de aquí para allá, entre escollos y peligros, hasta que por fin logró arribar a las costas de Eolia, reino de Eolo, dios de los vientos buenos y malos. "Si me gano la voluntad del dios", pensó el astuto Ulises, "conseguiré que los vientos favorables empujen mi embarcación hasta mi deseada patria".

Y así fue. Eolo trabó profunda amistad con Ulises y, al despedirse, le entregó todos los vientos adversos encerrados en un gran odre, haciendo que una bonancible y poderosa brisa hinchase sus velas rumbo a Ítaca.

Pero de nuevo se torció su suerte. Varios hombres de la tripulación, curiosos y ambiciosos, creyeron que la gran tinaja, regalo de Eolo, contenía oro y riquezas. Y mientras Ulises dormía, la abrieron y dejaron en libertad todos los malos vientos de la tierra y el mar.

¡Otra vez los naufragios! ¡Otra vez el vagar sin rumbo, otra vez los peligros y desventuras! Sólo al cabo de muchos años, y gracias al tesón, al ingenio y a la esperanza nunca perdida, logró Ulises con sus hombres arribar a las costas de Ítaca, su añorada patria.

La Odisea —nombre o término que ya, desde entonces, quedaría como sinónimo de viaje lleno de peripecias— había terminado.

Héroes y aventureros

—¡Un héroe de cuerpo entero este Ulises,
sí señor!

—Pues no, señor...

—¿No? ¿Tu propio personaje no te parece
un héroe, maestro Homero?

—Es que no lo es. Mitológicamente hablando, quiero decir.

Recordarás que te expliqué que "héroe o
semidiós", en la mitología clásica, es el hijo
de un dios y una mujer mortal o de una diosa y un hombre. Por ejemplo, Aquiles, que
nació de Peleo y la diosa Tetis. Pero Ulises
era hijo de dos mortales: Laertes y Anticlea.
Por tanto...

Como tampoco fue un héroe mitológico
Jasón, ya ves tú, un personaje de leyenda que

protagonizó tantos actos heroicos o más que el propio Ulises. Él fue quien organizó la expedición de los argonautas...

—¿En la que participaron los gemelos Cástor y Pólux?

—La misma. El fantástico viaje de la nave Argos —que significa "veloz"— en busca del vellocino de oro guardado en el reino de Cólquida.

—Y custodiado por un terrible dragón, si no recuerdo mal.

—Vencer al dragón guardián fue el último de los obstáculos que hubo de superar Jasón para conquistar el vellocino. Primero fue el largo y penoso viaje, lleno de tantas desventuras o más que el viaje de Ulises. Pero cuando ya logra arribar a Cólquida, el rey Eetes lo somete todavía a dos pruebas a cual más peliaguda: la primera, uncir él solo dos indómitos bueyes, consagrados a Hefesto o Vulcano, cuyas cornamentas eran de bronce y echaban llamas por los ollares. Una vez uncidos, venía la segunda prueba: tenía que arar con ellos un campo y sembrar de seguido los dientes de un dragón en los surcos.

—No veo yo tan arriesgada esta segunda condición.

—Porque no sabes todavía que aquellos dientes, al brotar de la tierra, se convertirían en un ejército de feroces guerreros que se lanzarían a matar a nuestro héroe.

—¡Corchos! ¿Y aceptó Jasón?

—Aceptó y logró superar ambas pruebas. Pero toma buena nota: todo gracias al amor de la princesa Medea, hija del rey Eetes y que luego sería la esposa de Jasón. La historia de esta extraordinaria mujer es otra de las más bellas historias de amor de la mitología.

Pero volvamos al relato. Se untó el capitán de los argonautas de una pócima mágica que le dio Medea, y evitó así la furia de los toros, a los que el olor del ungüento transformó en mansos corderillos. Y cuando los dientes de dragón se transformaron en guerreros, un nuevo artilugio de Medea hizo que aquéllos se pelearan furiosamente entre sí, no quedando ni uno vivo.

Venció luego, como ya sabes, al dragón que custodiaba en un bosque el vellocino de oro —¡también con la ayuda de Medea!—, y Jasón y sus argonautas dieron por coronado triunfalmente su aventurero viaje.

—Oye, Homero, ¿pero es que estos héroes mitológicos no hacen otra cosa que viajar?

—Viajar y sumar hazaña tras hazaña. Su vida entera es una sucesión de pruebas o dificultades que vencer, eso es cierto. No salen de un peligro cuando ya están metidos en el siguiente; aún no han coronado una aventura cuando ya andan enredados en otra más arriesgada.

El ejemplo más espectacular sería el de Hércules.

—¿El forzudo?

—El mismo. No hay en la mitología griega ni romana —en la primera se llamó Heracles y Hércules en la segunda— un héroe más popular y aventurero que él. Famoso sobre todo por su fuerza, como tú bien dices. Ya en la cuna, figúrate, destrozó con sus manecitas a una terrible serpiente que se había colado entre los pañales.

Sus hazañas y descomunales demostraciones de fuerza no tienen número. Pero, sin duda, los más famosos y conocidos son los llamados "Doce trabajos de Hércules", que si uno resulta increíble, el siguiente lo es aún mucho más.

Los emprendió el héroe como castigo y purificación de un terrible crimen que había cometido: había dado muerte a todos los hijos tenidos con su esposa Mégara.

—¡Entonces más que forzudo realmente es una bestia!

—No lo juzgues tan mal. Ya te dije que el destino, en la mitología clásica, gobierna tanto la vida de los hombres como la de los propios dioses o los héroes. Y Hércules, aun siendo hijo de Zeus y la princesa Alcmena, tuvo siempre tras de sí la maldición de la diosa Hera, esposa de Zeus, quien plagó su vida de desdichas. Fue ella quien cegó la mente de Hércules y éste, sin saber lo que hacía, dio muerte a todos sus hijos uno por uno. Pero cuando volvió en sí y se percató de aquella tragedia, corrió a consultar al oráculo de Delfos —te acuerdas, el erigido en honor de Apolo— y allí se le ordenó que tenía que superar doce pruebas o "trabajos" para borrar su pecado y conseguir al mismo tiempo la inmortalidad.

Hércules puso de inmediato manos a la obra. Talló él mismo una descomunal maza, arma con la que siempre se le representa, y fue en busca del terrorífico león de Nemea, un monstruo carnicero que devoraba animales y hombres. Lo sorprendió en su guarida, cerró con una roca la entrada para que no pudiera escapar, y se enfrentó a él cuerpo a cuerpo. Hércules destrozó a la fiera con sus potentes brazos, la despellejó, se hizo un manto con su piel y se encaminó en busca del siguiente monstruo: la hidra de Lerna.

La hidra era un extraño ser con muchas cabezas en forma de serpiente. Había que cortárselas todas para acabar con ella. La empresa resultaba harto arriesgada, primero porque el aliento pestilente que despedían todas aquellas fauces era capaz de matar a un hombre; y, sobre todo, porque cada vez que al monstruo se le cercenaba una cabeza, volvía ésta a regenerarse y a atacar con más furia. Hércules tomó en una mano su espada y en la otra una antorcha llameante. Y, ¡zas!, cabeza que cortaba, muñón del cuello que quemaba de inmediato para que no volviese a crecer. Exhausto acabó nuestro héroe tras su terrible combate con la hidra.

Pero apenas si pudo reponer fuerzas, pues hubo de salir, corriendo a todo correr, en búsqueda y captura del jabalí de Emiranto y de la cierva de Cerinia. Un año entero le costó dar alcance y capturar a estos dos animales.

El quinto "trabajo" consistió en enfrentarse con los pájaros del lago Estínfalo, de picos y garras de bronce, a los que Hércules fue abatiendo uno a uno a flechazos.

—Se diría que no hubo fiera con la que Hércules no luchara...

—Así es. En Creta dominó a un furioso toro que echaba fuego por las narices y atravesó luego el mar montado en su grupa. Lo mismo hizo con las salvajes yeguas de Diomedes, devoradoras de carne humana. Las apaciguó, calmó su voraz apetito, y las condujo, como se le había ordenado que hiciera, al monte Olimpo. Robó luego los bueyes del gigante Geriones, sacrificándoselos a la diosa Hera y, finalmente, trajo a la Tierra al perro Cerbero, monstruo canino de tres cabezas que custodiaba las puertas del Hades o de los infiernos.

—¿Has enumerado ya los doce "trabajos"?

—No. He dicho "finalmente" porque el que acabo de referirte fue el último que Hércules realizó. Pero restan por citar otros tres, aquellos que, precisamente, no tienen a ningún animal como protagonista. Uno de ellos consistió en limpiar, en sólo veinticuatro horas, los establos del rey Augías. Eran tan gigantescos que ni mil hombres juntos hubieran logrado hacerlo en una semana. Pero Hércules desvió el curso de los ríos Alfeo y Peneo y su poderosa corriente arrastró el estiércol lejos de las cuadras, dejándolas limpias como jamás lo habían estado.

También se le encomendó que se apoderase del cinturón mágico de Hipólita, reina de las amazonas. Y que robase, igualmente, las manzanas de oro del Jardín de las Hespérides. Empresas ambas que Hércules...

—Espera un momento: ¿no fue en el Jardín de las Hespérides donde se celebró la boda entre Zeus y Hera?

—Ni más ni menos, muchacho. Y bien. Recordarás que a la diosa le fueron ofrendadas, como regalo nupcial, las mencionadas manzanas de oro que custodiaban las siete hespérides o ninfas del ocaso y un descomunal dragón. Hércules venció a la fiera, logró distraer la atención de las ninfas y escapó del jardín con las manzanas.

Los doce "trabajos" fueron, pues, cumplidos meticulosamente por nuestro héroe, que consiguió así que se le perdonase su terrible filicidio y le fuese otorgada la inmortalidad.

Pero ya te dije que no fueron éstas las únicas aventuras del poderoso Hércules. Sorteó mil peligros y libró más de mil batallas. A mí una me fascinó siempre entre todas: la que sostuvo contra el centauro Folo y sus diez compañeros centauros. A todos los venció Hércules en singular combate. ¡Y cómo vuela mi fantasía imaginándolo! ¡Once centauros, batiendo el suelo con sus cascos rotundos, acometiendo a la vez a nuestro héroe! Escenas así merecerían versos más sublimes que los del viejo Homero y cinceles más diestros que los del divino Fidias.

—Curiosos seres los centauros, mitad caballos y mitad hombres. Ha salido su imagen repetidamente a lo largo de tu relato, maestro Homero, pero nunca me hablaste de su origen mitológico.

—Verás: los centauros fueron engendrados por Ixión, rey de los lapitas, al unirse con una nube que tenía la forma de la diosa Hera. El resultado, como castigo de Zeus, fueron estos seres con busto humano y cuerpo de caballo, de costumbres salvajes e inclinaciones inconfesables.

—Ah, ¿sí? Pues no he sacado yo esa imagen del centauro Quirón, del que me has hablado repetidas veces.

—Claro, porque Quirón y Folo fueron las únicas excepciones dentro de la especie. El centauro Quirón, sobre todo, fue apacible y sabio como un filósofo. Tal es así, que no pocos personajes de la mitología —Aquiles, Asclepio— lo tomaron como preceptor y maestro.

—Centauro, mitad caballo, mitad hombre; sátiro, mitad humano, mitad macho cabrío; sirena, busto de mujer y cuerpo de pez....

—...minotauro, cuerpo de hombre y cabeza de toro. Con él se enfrentó Teseo, otro de los grandes héroes mitológicos, en el laberinto de Creta.

—¿El laberinto de donde logró escapar Ícaro con sus alas de cera?

—Tal cual, muchacho. Aunque de poco le sirvió fugarse, acabando como acabó. Teseo corrió mejor suerte. Y gracias, otra vez, al amor. En esta ocasión al amor de Ariadna, que ayudó a Teseo a vencer al minotauro y, sobre todo, a salir del intrincado laberinto del que nadie había logrado escapar jamás.

Es una hermosa historia, llena de poesía, por un lado, y de misterio o suspenso, por otro.

Minos era el rey de Creta y había mandado al arquitecto Dédalo construir un laberinto donde encerrar al monstruoso minotauro. Todo su ingenio puso Dédalo en ello y el resultado fue una complicada maraña de pasillos, túneles, recintos y puertas, de la que nadie lograba nunca encontrar la salida. Ni el minotauro ni los jóvenes que en el laberinto eran encerrados para alimentar al monstruo.

—¿El minotauro se alimentaba con carne humana?

—Así es. Pero para no tener que sacrificar a sus propios conciudadanos, el rey Minos encontró una fórmula política perfecta: tras vencer en guerra a los atenienses, exigió a su rey Egeo un tributo anual de siete mancebos y siete doncellas que eran encerrados en el laberinto de Creta. A todos los devoraba el minotauro, pero aun aquellos que lograban librarse del monstruo en un primer intento, perecían tarde o temprano destrozados por su cornamenta, al no encontrar jamás la salida del laberinto. Y no pocos morían de pura desesperación golpeándose la frente contra el granito de los altos y enrevesados muros.

Un día llegan a Atenas los emisarios de Creta para exigir el establecido y terrorífico tributo, y he aquí que Teseo, hijo del rey Egeo, se presenta a su padre y le propone:

—Quiero que me incluyas entre los siete muchachos que han de ser echados como pasto al minotauro.

—¡Pero, hijo…!

—Yo libraré a Atenas de ese monstruo y del vergonzoso tributo.

Accede el padre, con harto pesar, y parte la expedición para Creta. Son presentados ante el rey Minos los catorce jóvenes víctimas, pero he aquí que a su vera se encuentra su hija Ariadna, bella mujer entre las mujeres. Teseo y Ariadna se miran y surge el amor entre ellos. Se ven en secreto y Teseo promete a su enamorada casarse con ella si le ayuda a salir triunfante del laberinto.

—Toma este ovillo de hilo —le propone ella— y vete desenrollándolo desde la misma

puerta de entrada. Si logras burlar al monstruo, el hilo te servirá para regresar sobre tus
pasos, encontrar la salida y escapar.

No sólo logró Teseo burlar al minotauro,
sino que hasta le dio muerte singular y en
encarnizado combate. Y como había cum-
plido rigurosamente el plan de su amada
Ariadna, no tuvo luego más que seguir el
hilo que había ido tendiendo por el suelo,
para retornar sin perderse al punto de parti-
da y lograr así fugarse del terrible laberinto
de Dédalo.

Corriendo como un loco desanduvo Teseo
las largas galerías en busca de la puerta que
lo llevaba a la libertad. Y dicen los poetas
que cantaron esta hazaña, que toda la isla de
Creta oyó, conteniendo el aliento, los gritos
de triunfo que Teseo lanzó a los cielos al verse
libre y con vida.

De toda la mitología clásica, muchacho
amigo, es ésta, sin duda, la más hermosa historia del triunfo del hombre sobre el inaltera-
ble destino que rige la vida de los humanos y
hasta la trayectoria de los astros.

Con ella te dejo por hoy; soy ya viejo y
estoy fatigado. Otro día volveré con nuevas
leyendas y nuevos nombres de dioses y de
héroes. Homero, el viejo y ciego Homero,
no sabe otra cosa que narrar historias. No
olvides nunca la del intrépido Teseo. Y no
olvides, sobre todo, joven amigo mío, que si
logró salir triunfante del laberinto —la vida

también lo es—, fue gracias al ingenio que le infundió el amor.

¡La mitología es tan hermosa, mucha-cho...!